FROM GALLUP

WELLBEING at WORK

How to Build Resilient and Thriving Teams

Jim Clifton and Jim Harter
ジム・クリフトン＋
ジム・ハーター著
古屋博子訳

職場のウェルビーイングを高める

1億人のデータが導く「しなやかなチーム」の共通項

日本経済新聞出版

WELLBEING at WORK

by Jim Clifton and Jim Harter

『職場のウェルビーイングを高める』目次

第2章 職場のウェルビーイングを考える

第3章 生き生きした組織文化に潜むリスク

第4章 キャリアのエンゲージメントからウェルビーイングは始まる

文中の〔 〕は訳注です。

強みを活かし、職場のウェルビーイングを高める。
それは、直ちにレジリエンスとメンタルヘルスを向上し、
さらには充実度までも高めることで、
かつてない最も劇的な治療法となり得る。

ジム・ハーターPh.D.

はじめに 世界の気分

Introduction: The Mood of the World

もし、世界を襲う次の危機が、メンタルヘルス・パンデミックだとしたら、どうなるでしょうか。

それがいま、まさに起こりつつあります。

米国国勢調査局の調査によると、本稿執筆時点で不安障害やうつの兆候が見られる米国人は、3分の1におよぶことがわかっています。これは、新型コロナウイルスのパンデミック前と比べると急増しています。気分の落ち込みを訴える米国人の割合は、2014年の調査結果と比べると2倍です。ギャラップの調査でも近年稀《まれ》に見る増加を示しているのが「ストレス」や「不安」の項目であり、米国内の世論調査サンプル枠全体でその傾向が見られます。

不安やストレスが高まることで希望を失ってしまい、自殺につながるというケースも決して珍しいことではありません。その中には「絶望死」も含まれるでしょう。これはプリンストン大学の経済学者アン・ケースとノーベル賞受賞者のアンガス・ディートンが名付けた言葉です。

絶望死とは、破滅的な行動で死に至ることであり、自殺や、薬物の過剰摂取、慢性的な飲酒によるアルコール性肝疾患などがその要因となっています。1990年代半ばから急増し、1995年には約6万5000人、2018年にはさらに増えて15万8000人となっています。

つまり絶望死は、ゆっくりと向かう自死と言えるでしょう。

私たちには、わかっています。メンタルヘルスのパンデミックもまた、新型コロナウイルスのパンデミックと同じように何十万人もの人が犠牲になりかねないということを。

私たちの属するギャラップが2020年に実施した世界規模の調査では、およそ10人に7人が生活において「苦しんでいる」、もしくは「葛藤している」状態にあることが明らかになりました。そういった苦しみは、生活を破壊するだけではありません。人間の精神も破壊し、イノベーションや経済エネルギー、ひいては「よい仕事」を生み出す力を失ってしまいます。これは、経済ダイナミズムの低下にも関わっていくでしょう。世界の1人当たりのGDP〔国内総生産〕は減速がもう何十年も続いています。現状では、これを変えることは不可能に近いのです。

経済ダイナミズムの低下は、温暖化と同じくらい深刻な地球規模の問題だと言えるでしょう。

ギャラップは、自分たちこそが立ち上がらなければならないと思い、メンタルヘルスの課題に取り組んでいます。なぜなら、大きな問題、特に不可能と思われるような問題の解決は、「何を測定できるだろうか」という問いから始まるからです。

リーダーがよき世界を運営するための指標

国連の「持続可能な開発目標」のように、世界の貧困、環境汚染、飢餓、現代の奴隷制、病気などに関する公式統計からなる測定基準があります。世界のリーダーたちには「SDGs」として認識されているものです。この人類が直面している最も深刻な状況に関する公式統計は、ほとんどは政府や非政府組織によって集められ、一部はギャラップも携わっています。

ギャラップは、SDGsは世界のリーダーたちに必要な「よいもの」であると考えています。さもなければ、社会の進捗を監査する方法がないからです。これらの指標は、リーダーがよりよい世界を運営するのに役立ちます。

「環境・社会・ガバナンス（以下ESG）原則」は、さらに最近合意された、一連の測定基準です。米国ビジネス・ラウンドテーブルや世界経済フォーラムなどの団体により作られ、合意されました。そして、ビッグ4（四大会計事務所）やほかの大企業も、このESG原則の支持を表明しています。ESG原則は、よりよい企業経営のために作られました。

いま企業は、ESG原則に基づいてビジネスの目的を定めることが求められています。これはつまり、株主に利益をもたらすだけでは足りなくなってきているということです。

環境、地域社会、顧客、サプライヤーに対してポジティブな影響を与えていると証明することが求められているのです。さらには、倫理と誠実さ（ガバナンス）を持って活動していると証明することも問われています。これらの新しい要請は、組織の性格《キャラクター》を監査していると言えるでしょう。

このようにSDGsとESG原則はよきものであり、リーダーからの需要は高まっています。しかし、最も重要な問題に関する組織的な比較基準はまだありません。最も重要な問題とは、メンタルヘルスとウェルビーイングです。人々が、「苦しんでいる状態」「葛藤している状態」「生き生きとしている状態」について、公式に合意された指標がないのです。

それだけでなく職場のウェルビーイングに関する世界規模の公式統計自体がいまだに存在していません。

あなたや他社の経営陣も、全社的なウェルビーイングやレジリエンス〔大変なことが起こってもしなやかに適応し、回復する力〕に関するデータを持っていないはずです。または、あなたの組織にストレスでいっぱいになっていて、燃え尽きてしまいそうな従業員が何人いるのか、逆に意欲に溢れた従業員が何人いるのか、というようなデータはないのではないでしょうか。

「従業員がどのようにして、新型コロナウイルスや、悪化する経済状況を乗り切っているのか」に関する公式な統計もないのが現状です。

私たちは地球の温度や、海面上昇量を注意深く観測したりしています。月が20万マイル（32万キロ）以上離れていることも測っています。けれども、「世界の気分」についてはほとんど測定していないのです。

現時点で、これらに関連する中で活用できるものとしては、世界の自殺に関するデータがあります。ここから、人々の「苦しみ」について洞察することはできるでしょう。世界保健機関（WHO）は各国の自殺率を推定しています。これにより、感情的に大きな苦しみを伴った人生を送ったと思われる人の率を大まかに把握できます。

いま必要なのは、あらゆる国と組織のあらゆるメンバーの現状がどうなっているか、確認する方法です。

CEOが、首相が、知事が、市長が、「どのくらいの割合の人が、苦しんでいるのか、葛藤しているのか、それとも生き生きとしているのか」調査をする。そしてその回答を測定し、報告する。それができれば、世界は変わるでしょう。

「従業員がどのようにして、新型コロナウイルスや、悪化する経済状況を乗り切っているのか」に関する公式な統計もない。

ギャラップ充実度（GNT）

ギャラップは、「想像しうる最高の生活」と「想像しうる最悪の生活」の違いを発見し、数値化することを目標にしています。

ギャラップ充実度（GNT）とは

はしごを想像してみてください。そのはしごには、一番下は0、一番上には10と数字がついています。一番上の10があなたにとって最も理想的な生活で、はしごの一番下の段が最悪の生活を表すと考えてください。

Q1：あなたは、いま現在、はしごのどの段に立っていると感じていますか？（0〜10）
Q2：あなたの想像では、5年後にはどの段に立っていると思いますか？（0〜10）

キャントリル・セルフアンカリング尺度（はしご尺度）は、社会研究の先駆者であるハドレー・キャントリルが、1965年刊行の著書『*The pattern of human concerns*』で発案したものです。ジョージ・ギャラップは1977年刊行の著書『*Human Needs and Satisfactions: A Global Survey*』でこの尺度を使用しました。そして2005年からギャラップの「ワールド・ポール」では、世界人口の98%に相当する160カ国以上の追跡調査項目として使用されています。

「想像しうる最高の生活」を報告するために用いる指標は、私たちが「充実度」（後述の「生き生きしている」度合いを測定）と呼ぶものです。ギャラップの研究者と客員シニア・サイエンティストたちは、この指標を「ギャラップ充実度（Gallup Net Thriving）」略してＧＮＴと呼び、２００５年から注意深く継続的に観測しています。このＧＮＴは、国家にとっては「もうひとつのＧＤＰ（国内総生産）」であり、組織にとっては「もうひとつの株価」と言えるでしょう。

ギャラップ充実度（ＧＮＴ）は上の図のような非常にシンプルな２つの質問から構成されています。

ギャラップは、規模に関係なく、世界中のすべての組織にこの指標を直ちに取り入れてほしいと考えています。そうすれば、国や組織やメンバーを超えて、ＧＮＴを推定し追跡できるからです。現在すでに複数の政府やＮＧＯ〔非政府組織〕がこの指標を導入しています。

ＧＮＴの年間比較基準（ベンチマーク）レポートは、ギャラップから世界に捧げる１００年の贈り物になるでしょう。今後１００年間、ギャラップは毎年、「ウェルビーイング（充実度）の現状」を報告します。このレポートは、あなたと世界に共通の指標と言語を提供し、比較基準に従った測定結果と、ベストプラクティスを共有していきます。

生き生きした、ウェルビーイングの高いチームは、新しいビジネスや顧客を生み出すでしょう。街や地域を創造したり、公園や子供のための博物館を建てたり、友情や家庭を築いたり、ひいてはよりよい政府を樹立します。朝起きてから、１日中何かを生み出しているわけです。

では、どうしたらこのようなチームが築けるのでしょう。ひとりひとりが全員一度に生き生きとなるにはどうしたらよいのでしょうか。

ギャラップ創設者ジョージ・ギャラップ博士（１９０１〜１９８４）はかつて、「50億通りの生活がある。私たちはそれらすべてを研究すべきだ」と言いました。

いまがその、すべてを研究するときなのです。

２０２０年、私たちの社会は「新型コロナウイルスで倒れたり、死んだりする可能性を何としても阻止しなければならない」と判断しました。米国ではその後、20兆ドル以上の経済活動の停止を余儀なくされ、数え切れないほどの中小企業が倒産したり、学校が休校になりました。こうした次々と起こる事態により、従業員やその家族、子供たちは、これまでになく不安な状態に陥りました。

世界中の人が望んでいるのは、
よい仕事に就くことである。

そうして生まれた不安は、毎日少しずつ人々の生活を蝕んでいきます。

このように、米国だけでなく世界の気分が下がり続けています。しかし、それを一気に変える手を打つのに最適な場所があるのです。職場です。これまでギャラップの調査でわかった最大の発見の1つは、**「いま世界中の人が求めているのは、よい仕事に就く」**ということでした。人は、自分の才能を毎日発揮できる仕事に、成長を後押ししてくれる上司とともに取り組んでいきたいと思っているのです。ストレスや不安は、「私の仕事」（もしくは「仕事がないこと」）と最も関連している傾向が強いのです。そして「私の仕事」と「私のマネジャー」は、充実度に最も強く関連する二大要素なのです。本書では、この調査結果を重視し、深く掘り下げていきます。

ギャラップの調査から判明したのは、ウェルビーイングには5つの要素があるということでした。これらは、各国の人材開発に影響を与え続けるでしょう。そのウェルビーイングの5つのカギとなる要素は、順にキャリア・人間関係・経済・身体・コミュニティ。

キャリアのウェルビーイングが最初なのは、この要素が「想像しうる最高の生活」の礎《いしずえ》そのものであることがわかったからです。すべてはここから始まるのです。

よい仕事やキャリア、そして一家の大黒柱がなければ、生き生き暮らすことはできないのです。

ウェルビーイングのカギとなる5つの要素は、順にキャリア・人間関係・経済・身体・コミュニティである。

私たちは、1人の人間が一生の間に行うであろう、ありとあらゆる金融取引を測定することができます。誰かが3万日間に、世界のどこでお金を使ったかもわかります。しかし、その3万日をどう**「経験」**したのかを測る手段はほとんどありません。

人間を追跡するために、以前からある経済データを無視したり、なくせということではありません。それらに加えて、**彼らの生活がどうなっているか**というデータが必要なのです。

いま世界は奇跡を求めています。奇跡は、人類の精神や気力があってはじめて起きるのです。GNTは、苦しんでいる、葛藤している、生き生きしている度合いを追跡する指標です。これらを改善する手段として、ウェルビーイングの5つの要素を使ってみましょう。

私たちはこの本を、リーダーたちに向けて、ウェルビーイングの高い組織文化を作る方法をきちんと紹介するために書きました。あなたやあなたのチームリーダーがいますぐ、取り組まないかぎり、いったい誰が世界を変えられるというのでしょう？

第1章

ウェルビーイングとは何か

What Is Wellbeing?

「想像しうる最高の生活」とは何か

過去の教訓

１９５８年と１９５９年、世論調査の先駆者であるジョージ・ギャラップと同僚たちは、95歳以上の米国人４０２人と英国人１２８人を対象に深層インタビューを行いました。ギャラップは彼らを「年配諸氏」と呼び、調査結果は、『The Secrets of Long Life（長寿の秘訣）』（未訳）という書籍にまとめられています。

ギャラップ博士は、数十年前の長寿の生活を明らかにしたわけですが、その中には現在への長生きのためのヒントが隠れています。

●回答者は体をよく動かす仕事をしていた。男性の90％は、勤務中ほとんど立った状態だった。
●男性の71％、女性の61％が肉体的にきつい労働に従事し、仕事が運動を兼ねていた。

●62%が野外で仕事をしていた。
●彼らの時代は、加工食品がほとんどなかった。食にこだわりもなく、質素な食事を適量だけ食べる傾向にあった。メニューはほぼ毎日、肉、じゃがいも、白パン、そして**デザート**などで、バターも日常的に使っていた。
●減量しようとしていた人は、ほとんど誰もいなかった。
●ぐっすり眠り、早起きしていた。午前6時起床が普通だった。
●くよくよすることはめったになかった。
●多くが、自分のことを「陽気」で、「物事をあるがままに受け止める」と話した。
●彼らは総じて幸せな生活を送っていると話した。
●彼らの仕事以外の主な関心事は、家族や友人だった。
●よく笑っていた。
●ほとんどの人は、長生きしようと意識したわけではなかった。
●贅沢な生活はしておらず、かといって貧乏でもなく、お金の心配をする必要はなかった。
●回答者の世帯は、大都市、小都市、町や村、あるいは農村部にも幅広く分布していた。
●半数の男性は、現役時代に一度も休暇を取ったことがなかった。
●調査対象グループの退職年齢の中央値は、男性が80歳、女性が70歳だった。
●男性の場合、週当たりの労働時間の中央値は60時間。家庭の外で働いている女性の場合、中央値は週64時間。

●男性の93％、女性の85％が、仕事から「非常に大きな満足感」を得たと回答した。男性と女性の大多数が、仕事は「非常に楽しい」と回答した。

昔の人たちが、いまの私たちに示唆していることは何か

これらの話からすると、年配諸氏は、生き生きと暮らしていたことがわかります。葛藤したり、苦しんだりすることなく、快活に長生きしていたのです。もちろんたった1つの要因だけで、生き生きとした長寿ライフが送れるわけではありません。しかし、いくつかの要因が重なることで、それが可能になるのです。

では、1950年代のギャラップ博士の調査結果は、70年後に生き生き暮らすために、どうすればよいと教えてくれているのでしょうか。

先述の項目を、現代に生きる私たちが、厳密なチェックリストとして使うことはお勧めしません。いまでは仕事を通じて相当な運動をしたり、屋外で仕事をしたり、ストレスのない暮らしをすることが可能な人は限られているのです。それに加えて、肉、じゃがいも、パン、バター、デザートの食事を毎日勧める医者もいないでしょう。70歳、80歳になっても、休暇を取らず、週60時間働くことをいとわない人もほとんどいないはずです。現在、世界の労働人口の78％は、仕事にエンゲージしていません。つまり、仕事には「大きな満足感」も「大きな楽しみ」もないのです。

生き生き暮らすカギは、方針や活動のリストを実行することにあるのではありません。年配諸氏が生涯を通じて実践してきたことの多くは、現在の専門家が推奨するアドバイスには当てはまりません。さらに今日では、労働時間や休暇、食事など、測定しやすい活動に注目が集まりがちです。しかし、年配諸氏の生き生きした暮らしを、どのように生活を「**経験**」していたかという観点からとらえると、大きなことを得られます。


彼らは、仕事にとても楽しみを見出していた。

余暇には友人や家族を優先していた。

お金の心配はしていなかった。

減量目的で厳しい食事制限をするというよりは、適度な食事をしていた。体を動かし、よく寝ていた。

くよくよせず、現状に満足していた。この傾向は、住んでいる地域や街の規模に関係なく見られた。


こうした結果は、加齢と死亡率に関する近年の長期的な研究とも整合性があります。

組織が記録のために労働時間、休暇、退職などの方針を法制化し、それらをすべての人に同じように一律に適用しようとすると、変化を起こすための突破口《ブレイクスルー》を失います。

私たちは決して、男性年配諸氏の半数のように休暇を取らないことを奨励しているわけではありません。強調したいのは、休暇よりもエンゲージメントが重要であるということです。仕事面で怒りや不満だらけの人と、仕事にエンゲージしている人、二種類の人がいるとしたら、まったく異なる人生の成果が待っているのです。

ギャラップの最新のグローバル調査分析はこう結論付けています。熱意と当事者意識を持って取り組める、つまりエンゲージする「よい仕事」に就くことは、生き生きとした暮らしを送るための、まさしく基盤である、と。

このように「私の仕事」は最も重要な要素ですが、それ単体では成り立たないのも事実です。年配諸氏が80歳まで仕事を続けられたのも、生活のほかの部分が、彼らが大好きなことをすることを支え、足を引っ張らなかったからです。最近の大規模な研究では、この点が重視されています。ウェルビーイングに影響を与えるあなたを取り巻く複数の要素は、互いに**相補的**に影響し合っています。5つの要素は互いに影響し合い、支え合っているのです。

ギャラップの最新グローバル調査分析は提示する。
エンゲージする「よい仕事」に就くことは、
生き生きとした暮らしを送る、まさしく基盤となる、と。

ギャップ充実度（GNT） もうひとつの株価

会計監査のように、従業員エンゲージメント値や顧客ネット・プロモーター・スコアを報告することが、過去20年の間に取締役会や機関投資家に求められるようになってきました。

過去10年間、従業員のエンゲージメントは上昇傾向にあります。とはいえエンゲージしているのは、これを書いている時点で、米国の労働者の36%、世界全体ではわずか22%に過ぎません。「エンゲージした従業員」は、あらゆる面で優れた成果を生み出します。

しかし、私たちの最近の調査によると、「エンゲージして働いているけれど、生き生き暮らしてい**ない**労働者」には脆弱性（もろさ）があり、組織にとってリスクとなることが判明しています。

例えば、「仕事はエンゲージしているが生き生き暮らしてい**ない**」従業員と「仕事にエンゲージし生き生き暮らしている」従業員を比較すると、前者は次のようなリスクが報告されています。

- 燃え尽き症候群になる可能性が61%高い
- 日々ストレスを感じている可能性が48%高い

●日々心配事がある可能性が66%高い
●悲しみや怒りを感じる割合が2倍

さらに、「生き生きした従業員」は、病欠率が53%少ないという結果もあります。その一方で、「苦しんでいる従業員」や、「葛藤している従業員」は、疾病負荷が大幅に高く、うつ病や不安神経症などの診断を受ける傾向にあります。これは生産性に大きな差として現れます。

従業員のメンタルヘルスとウェルビーイングを報告することは、いずれすべての組織に求められるようになるはずです。

あなたの会社では、何人の従業員が苦しんでいるのか、葛藤しているのか、それとも生き生きしているのでしょうか。

その従業員のウェルビーイングを知るために有効なのが、12ページでも紹介した次の2問から構成される質問です。これは「想像しうる最高の生活尺度」と呼ばれ、ギャラップの分析により特定された、GNT測定に最適な質問項目です。個人のウェルビーイングのすべての側面を網羅しています。

はしごを想像してみてください。そのはしごには、一番下は0、一番上は10と数字がついています。一番上の10があなたにとって最も理想的な生活で、はしごの一番下が最悪の生活を表すと考えてください。

Q1　あなたは、いま現在、はしごのどの段に立っていると感じていますか？（0〜10）
Q2　あなたの想像では、5年後にはどの段に立っていると思いますか？（0〜10）

組織の長は、従業員が「想像しうる最高の生活」の質問にどのように答えているかを知っておくことが大切です。なぜなら昨今の組織には、従業員を全人格《ホールパーソン》（仕事面だけでなく、さまざまな側面から包括的にとらえた「ひとりの人間全体」）としてマネジメントするという要求が新たに生まれており、それにうまく応える必要があるからです。株価が現在と未来の収益を示す指標となるように、GNTは従業員の現在と未来のレジリエンスを査定します。

新型コロナウイルスの発生以前から、仕事と生活の境目は曖昧になってきていました。リモートワークやフレックスタイムも増加傾向にあったのです。そこに、感染症対策で、多くの従業員が在宅勤務を命じられたことで、仕事と生活の境目は**完全に**なくなってしまったのです。

この先ワクチンの普及が進み、経済が回復しても、以前のように仕事と生活が完全に分かれることはもうないでしょう。

ギャラップは「生き生きしている」をどのように定義しているか

ギャラップは「想像しうる最高の生活尺度」を世界基準とし、世界160カ国で先述の「ギャラップ充実度（GNT）」を測定しています。

このシンプルな2つの質問への回答には、その人の生活のほとんどすべてが詰まっています。食べ物や住まい、身の安全といった基本的なニーズから、よい仕事、社会的地位、お金、健康までです。

「想像しうる最高の生活尺度」の2つの質問を「現在の最高の生活」と「未来の最高の生活」と呼ぶことにしましょう。どちらも重要です。1つはあなたの現在の状態を表していて、意思決定に影響します。もう1つはあなたの未来への希望を表しています。たとえ現在は悲観的だとしても、よくなるという希望があれば、前に進んでいくことができます。

新型コロナウイルスのパンデミックの中で、私たちはウェルビーイングに関する2020年の追跡調査を実施しました。「現在の最高の生活」に高い点数をつけた人の割合は記録的に少なく、一方で「未来の最高の生活」に関してはわずかに上向いていたのです。人々はこの状態から抜け出す道があると信じていました。

また、ギャラップは、「現在の最高の生活」と「未来の最高の生活」が、幸福や健康だけでなく、ストレス、うつ、燃え尽き症候群などのネガティブな成果をどのように予測するかを分析しました。現在の最高の生活と未来の最高の生活から得られる情報を統合することで、人の生き生きしている度合い、葛藤している度合い、苦しんでいる度合いを示す指標となります。それはすなわち、組織文化のレジリエンス力の指標ともなるのです。

株価が現在と未来の収益を示す指標となるように、
ギャラップ充実度（GNT）は従業員の現在と
未来のレジリエンス（回復力）を査定する。

世界160カ国、100万人以上の回答者の分析結果に基づいて、私たちは「生き生きしている（充実）」「葛藤している（葛藤）」「苦しんでいる（苦痛）」の区分を決定しています。

●生き生きしている（**充実**）――この区分に入る回答者は、現在の生活状況を前向きにとらえています（「現在の最高の生活」に対する評価は7以上）。さらに、今後5年間の生活についても前向きな見通しをしています（「未来の最高の生活」に対する評価は8以上）。健康上の問題や、心配事、ストレス、悲しみ、落ち込み、怒りの報告は、その他の区分の回答者と比べてとても少なくなっています。反対に、希望、幸福、活力、好奇心、敬意などの報告はより多くなっています。生き生きしている従業員の割合は、国により8％から87％までと多岐にわたっています。

●葛藤している（**葛藤**）――この区分に入る回答者は、現在の生活状況に葛藤しており、未来についてもどうなるかわからない、もしくは後ろ向きな見通しを持っています。「生き生きしている」の区分の回答者に比べると、日々のストレスやお金の心配があります。葛藤している従業員の割合は、国により12％から77％まで多岐にわたっています。

●苦しんでいる（**苦痛**）――この区分に入る回答者は、自分の生活が悲惨な状態であると報告しています（「現在の最高の生活」に対する評価が4以下）。また、今後5年間についても後ろ向きの見通しを持っています（「未来の最高の生活」に対する評価が4以下）。食べるものや住むところといった基本的ニーズが満たされておらず、身体的な痛みや、多くのストレス、心配事、悲しみ、怒りを抱えていると回答する傾向が他の区分と比べても高いです。また、健康保険や、医療ケアを利用できる率も低く、疾病負荷は「生き生きしている」区分の回答者に比べて2倍以上になっています。苦しんでいる従業員の割合は、国により0％から35％の範囲にあります。

雇用主は組織のウェルビーイングをどのように上げたらよいのか

最初にやるべきことは、従業員をエンゲージさせることです。なぜなら、エンゲージしている従業員は、組織のウェルビーイングへの取り組みに積極的に参加する可能性が高いからです。従業員をエンゲージさせるマネジャーは信頼があるので、従業員がウェルビーイングに取り組むことについて前向きにさせられるのです。そのことは、従業員が苦しみ、葛藤し、または生き生きするかだけのみならず、全人格《ホールパーソン》に影響します。

仕事は、生活を安定させる源であるべきです。これは、2020年に世界が経験したような、精神的に厳しい時には特に当てはまります。そんな中、雇用主は、従業員の「全人格《ホールパーソン》」を形づくる上で中心的な役割を果たすのです。

ウェルビーイングの5つの要素

デモクリトス、ソクラテス、プラトン、アリストテレスなどの賢人が、2000年以上前に記した文献には、人間が存在することの究極の目的と呼んだものが残されています。それは、「幸福（happiness）」です。米国の建国の父たちもそうでした。幸福の定義というものはさまざまです。快楽主義と呼ばれる数時間で消えてしまう喜びの感覚や感情から、人間としての可能性を最大限に発揮したときに得られる感覚まであります。

誰もが「自分のいまの生活は『想像しうる最高の生活』にどれだけ近いのか？」と、定期的に考えることがあるのではないでしょうか。これを心理学では「セルフ・アンカリング」といいます。ひとりひとりが自分自身で「想像しうる最高の生活」の基準を設定でき、その時点での自分の人生を評価できることからこう呼ばれています。人は、「想像しうる最高の生活」に対して自分の現在地をどのように評価するかに基づき、意思決定を行います。何を買うか、誰と過ごすか、仕事に全力を尽くすかなど、すべてにおいてです。「想像しうる最高の生活」の尺度は、「記憶する自己」を数値化する方法の一例です。

あなたの「記憶する自己」は、選択の幅を決めるさまざまな要因、例えば基本的なニーズ（食べ物、住居、安全）はもちろん、教育、成功、雇用、贅沢な利便性、または慢性的な健康問題などがあるかどうかなどに影響を受けます。

古代の賢者は、このような「記憶する自己」と、よりうつろいやすい感情や気持ちを区別していました。この、より即時的で、刻一刻、日々の自己を「経験する自己」と呼びます。

例えば、あなたの「経験する自己」は、週末や休日と、平日を区別しています。週末や休日には、即時的に感じる楽しさや幸福感が高く、ストレスや心配事を感じることは少ないとの報告が見られます。週末にピークに達する気分は、月曜から落ち込みが始まり、それが金曜まで続いた後に、少し気分がよくなるのは「あと少しで週末だ」と思えた時です。このように、気分の浮き沈みは職場の組織文化や睡眠の質、友人との時間など、さまざまな要因に左右されるのです。

また、即時的な経験には、関心、楽しみ、怒り、悲しみ、寂しさ、退屈などが含まれます。米国の新型コロナウイルスのピーク時には、心配やストレスがかつてないレベルまで上がりましたが、怒りや悲しみはそうではありませんでした。ミネアポリスで黒人青年ジョージ・フロイドが警察に殺害された事件の数週間後には、怒りと悲しみが過去最高レベルに達しましたが、心配とストレスはそうではありませんでした。日々起こる出来事により、引き起こされる感情は異なるのです。

さらに「経験する自己」は、家族や友人にも大きく影響されるでしょう。敬意を持って扱われたり、新しいことを学んだり、自分が最も得意なことをする機会があること、そして日常的なこと、例えば食事、睡眠、運動といった日々の健康面の行動などからも影響を受けるのです。

このように日々の大きな出来事も小さな出来事も、「記憶する自己」と「経験する自己」の両方に、何らかの形で影響を及ぼします。

子どもがいる人の「記憶する自己」は、子どもがいない人と比べると、振り返ったときに過去を高く評価する傾向にあります。一方で、子どものいる人の「経験する自己」は、子どものいない人に比べて、瞬間的なストレスがより高く示されます。人は、経験したことと、記憶していることが異なる傾向にあるのです。それがウェルビーイングの複雑なところだと言えるでしょう。「記憶する自己」と「経験する自己」の値は、どちらも収入と相関関係がありますが、その現れ方は異なります。「記憶する自己」では、収入が倍になるごとに、はしご尺度の評価が1つ上がります。

しかし、収入の増加がポジティブな効果をもたらすのには限度があります。それは、ノーベル賞受賞者のダニエル・カーネマンとアンガス・ディートンが2010年にギャラップのウェルビーイングのデータを使って行った画期的な研究により明らかになりました。その研究では、年収7万5000ドル（2021年のドル換算で約9万ドル）までの増加は日々の感情の向上と関連していました。しかしそれを超えると、日々の感情は改善されなかったのです。そのほかに明らかになったのは、**人々がどのようにお金を管理し、使うか**というのが、人々の日々の感情に多大な影響を及ぼすということでした。これは所得レベルに関係なく、すべての人に見られたのです。

また、「記憶」と「経験」の2つの自己は、評価的ウェルビーイング（遅延満足）と快楽的ウェルビーイング（即時満足）と呼ばれる連続体の両極を表していると考えてください。誰もがこの2つを最大化したいと考えています。つまり、想像しうる最高の生活全体も、瞬間的な日々の経験も最良のものにしたいと考えているのです。この2つは、メンタルヘルスと仕事で高いパフォーマンスを発揮するために重要です。

幸いなことに、ウェルビーイングには突破口があり、どうしたら生活全体をよりよくし、**そして、**よりよい瞬間を経験できるのかを教えてくれます。ギャラップのメタ分析は、ウェルビーイングに関わる5つの要素を明らかにしました。

そして、この5つすべてに影響を与える重要な役割を担っているのが雇用主なのです。

ウェルビーイングに欠かせない5つの要素

ジョージ・ギャラップと同僚たちは1930年代から1960年代にかけて、生活水準や健康状態、戦争への認識など、生活のさまざまな側面に関するトピックについて、複数の国で世論調査を実施しました。

また、1974年から1976年にかけては、世界初とも言える、真にグローバル規模の世論調査を実施しました。対象国はサハラ以南のアフリカ、オーストラリア、東ヨーロッパ、極東、ラテン米国、北アフリカ・中東、米国・カナダ、西ヨーロッパなど、当時の世界人口の3分の2に相当しました。この調査結果は、『Human Needs and Satisfactions: A Global Survey』（人間のニーズと満足度に関するグローバル調査）として1977年に出版されています。調査内容は多岐にわたり、世界の人々の希望や夢から、個人の幸福度、仕事の満足度、余暇、教育、健康、家庭生活、生活水準、身体的安全、政府の役割、家事に対する女性の態度などに及んでいます。

その後30年以上にわたり、ギャラップの研究者はウェルビーイングに関するさまざまな調査を続け、地域社会の活性化や、中国、インド、中東、北アフリカ、ヨーロッパ、その他のアジア地域など特定の地域を対象とした深層のターゲット調査などを実施しています。

米国では、過去80年間に起きた主要な危機時のほぼすべてにおいて、市民の不安や恐怖、自信に関して調査してきました。大恐慌、真珠湾攻撃、第二次世界大戦、ケネディ暗殺、1960年代のデモや暴動、9・11同時多発テロ、2008年の世界金融危機、そして2020年には、新型コロナウイルスのパンデミックや人種差別にまつわる暴動時に調査を実施しています。

2005年、ギャラップは、経済学者や心理学者などの第一線の研究者たちと協力して、国や文化を超えたウェルビーイングの共通要素を調べました。私たちは160カ国を対象に包括的な調査を行い、その結果、世界人口の98％以上の人々の日常生活を把握することができました。1970年代にギャラップ博士が行ったように、私たちは生活のあらゆる側面について質問しました。そして、その結果から、人々がどのように日々の生活を経験し、評価しているかを比較しました。

最初の調査で、私たちは人々に自分たちにとっての「想像しうる最高の未来」とはどのようなものかを尋ねました。その結果、人々は自分の生活を評価する際に、収入と健康に大きな重きを置いていることがわかりました。調査対象となったすべてのグループで、「健康」と「富」という回答が最も多く見られたのです。おそらくこれは、健康や富という要素が比較的簡単に測定でき、なおかつ長期的に追跡できるからだと思われます。確かに、身長、体重、血圧や収入などは記録しやすいです。これに対して、仕事や人間関係の質を測る標準的な方法はありません。

最終的には調査の結果から、5つの明確な統計的要素が浮かび上がりました。これらは、「生き生きした暮らし」と「苦しい暮らし」を区別するウェルビーイングの普遍的な要素です。これらの要素は、あなたの生活においてどんな行動がとれるかを教えてくれます。

職場のウェルビーイングを高める5つの要素とは

- キャリア・ウェルビーイング——日々していることが好き
- 人間関係ウェルビーイング——人生を豊かにする友がいる
- 経済的ウェルビーイング——上手にお金を管理する
- 身体的ウェルビーイング——やり遂げるエネルギーがある
- コミュニティ・ウェルビーイング——住んでいるところが好き

ギャラップの調査によると、この5つのうち最も重要で、かつ他の4つの要素の基盤となるのが「キャリア・ウェルビーイング」です。

第2章

職場のウェルビーイングを考える

Your Workplace's Wellbeing Opportunities

ウェルビーイング要素のポイント

組織や会社は従業員のキャリアに直接的な影響を及ぼします。一方で、組織のリーダーたちは、従業員とはいえ仕事以外の面にどれだけ踏み込むべきかを懸念する節があります。しかし、踏み込むべきなのです。そもそも、組織は従業員の仕事以外の生活に関して、どの程度まで考えるべきなのでしょうか。また、例えば、従業員の健康状態や地域社会への参加などに、組織が関心を寄せることは適切なことなのでしょうか。こうした重要な問題を考える上で、以下のようなポイントがあります。

ウェルビーイングの5つの要素は、個人のパフォーマンスや健康面に相加効果をもたらします。ギャラップは、健康と仕事の成果に関する相加効果についても研究しています。それにより、身体的なウェルビーイングに取り組めば、当然健康面での成果が向上するように思えますが、それだけでは持続しないことがわかっています。例えば、5つの要素すべてが高い人は、身体的ウェルビーイングだけが高い人と比べて、不健康な生活を送った日が41%も少ないと報告しています。階段のように、疾病負荷や燃え尽き症候群、不安、それに関連するコストが低くなればなるほど、

複数のウェルビーイング要素が高いほど充実度につながる

キャリア・人間関係・経済・身体・コミュニティ

生き生きしているウェルビーイング要素の数	充実度	うつ病の診断	燃え尽き症候群（きわめてもしくは常時）	不安を感じる	1人当たりの疾病負担コスト
0	28%	37%	37%	44%	$7,208
1	53%	28%	31%	37%	$5,225
2	71%	18%	25%	30%	$4,766
3	86%	13%	15%	23%	$4,558
4	91%	6%	11%	13%	$4,112
5	98%	3%	9%	9%	$3,598

人口統計的差異を調整後の結果
出所：ギャラップ　パネル調査（2019～2020）

5つの要素のウェルビーイングが高くなっていきます。ネガティブな成果が少なければ少ないほど、よりうまく問題を解決できたり、イノベーションを生み出したりしやすくなるのです。

仕事と生活は互いに影響し合っています。ほとんどの人は、起きている時間の3分の1以上を仕事に費やしているでしょう。ギャラップの分析結果と学術研究によると、仕事と生活の間には相互関係があり、仕事での経験を家に持ち帰り、家での経験を仕事に持ち込みます。組織は仕事中、従業員がすべてのエネルギーを傾けることを求めます。ある人が自分を取り巻くすべての面でうまくいくことは、個人にとっても組織にとっても最善の利益をもたらすのです。

ウェルビーイングは変化させることができます。他の人よりも生まれつき幸せを感じやすい人もいるようで、遺伝率の研究では、個人のウェルビーイングの約半分は遺伝によるものだと言われています。これらの素因は、「設定値（セットポイント）」と呼ばれます。そしてあなたがいる環境や、取る選択は、ウェルビーイングを設定値の上にも下にも大きく変化させます。これは、DNAによって運命が決められている人はいないということを意味しています。最近のエピジェネティクス（後成遺伝学）の研究では、人が取る選択によってDNAコードの発現が変化しうることがわかっています。つまり、ウェルビーイングはいくらでも変えられるのです。

グローバルに実施した大規模な調査では、年齢、学歴、性別、配偶者の有無、収入など、人口動態上の差異を考慮に入れた上で、「記憶する自己」のばらつきをどれだけ説明できるかを調べました。ギャラップの調査によると、5つの要素を組み合わせたときの従業員のスコアによって、充実度は70％も異なることがわかっています。

もちろん、5つの要素ですべてを説明できるわけではありません。それでも多くのことがわかります。これだけでも、改善につながるたくさんのチャンスがあるのです。

では、どの要素が一番大事なのでしょうか。

「どこから始めるのが一番よいのか」「**どこから取り組んだら最短で最大の効果が得られるのか**」という質問をよく受けます。確かに、それは重要な問題です。なぜなら通常、個人や組織が5つの要素すべてを一度に改善することは難しいからです。結論から言えば、それは「キャリア・ウェルビーイング」です。

すべての条件が同じであれば、**あなたが日々のこと**に生き生きと取り組めれば、それに伴ってより豊かな人間関係や、より安定した経済生活、健康、そしてより深いコミュニティへの参加も可能になります。しかし、何から始めればよいかという質問への答えは、5つの要素のそれぞれについてあなたがどの状態にあるかによって異なります。

ギャラップの調査によると、5つの要素を組み合わせたときの従業員のスコアによって、充実度は70%も異なる。

ウェルビーイングの各要素の中で最も低い段階は、「苦しんでいる（苦痛）」です。これは、人間関係ウェルビーイングであれば、極度の孤独の状態にあります。経済的ウェルビーイングであれば、心配事や強いストレス、身体的ウェルビーイングであれば、慢性的な体の痛み、コミュニティのウェルビーイングであれば、身の安全が脅かされる、などが挙げられます。これらのうち、1つでも項目が「苦痛」の状態にある人は、まずその特定の要素から改善していく必要があります。しかし一般的には、最もよい出発点はキャリアのウェルビーイングです。

5つの要素はお互いに関連し合っています。それぞれ別の側面でありながら、相互に補完し合っています。ギャラップが行ったある実験では、100点のポイントを人々に与え、各要素が生活上どれだけ重要であるかに応じて、点数を5つの要素に割り振ってもらいました。同時に、5つの要素のそれぞれについて、実際のウェルビーイングを測定しました。その結果、重要度では身体的ウェルビーイングが最も高かったにもかかわらず、5つの要素すべてに均等に20ポイントを割り振った人が、総合的なウェルビーイングが最も高いことがわかりました。一方、実際最も低いウェルビーイングとなったのは、5つの要素のポイントが不均衡な人でした。特に、経済的なウェルビーイングに比重を大きく傾けて評価した人にこの傾向は顕著だったのです。

1つのウェルビーイング要素だけに取り組もうとしても、たいていうまくいきません。他の要素も考えながらでなければ、ウェルビーイングを継続的に改善していくことは難しいのです。例えば、誰と過ごすかによって、食べるものや、お金の使い方も変わるでしょう。

組織がこの5つの要素の相補的な関係をきちんと理解しておけば、従業員の苦しみや葛藤に気づいて、生き生きしたウェルビーイングの高い組織文化に変えていくことができるはずです。

キャリア・ウェルビーイング 日々していることが好き

- 20％の従業員が「日々していることが好き」ということに強く同意している。
- 自身の日々していることを好きだと思わない、またはまったくそう思わない人は、非常にそう思う人に比べて、日々、退屈や怒りを感じる度合いが大幅に高く、エンゲージメント度は低いと報告されている。

ひどい仕事による肉体的、精神的な苦しみ

「燃え尽き症候群」は、現在、世界保健機関（WHO）が正式に認定した職業性の疾病です。米国の従業員の28％が、仕事できわめて頻繁に、または常に燃え尽き症候群を経験しています。こうした従業員は、病欠をとる可能性が63％、救急病院に行く可能性が23％高い傾向にあります。

フランス、ドイツ、スペイン、英国では、26%から40%の従業員が「過去30日間に燃え尽きたと感じたことがある」と答えています。「週末のために生きている」というのは、よく聞く言葉です。それは多くの人が仕事を悲惨なものだとみなしているからです。例えば、いつも時計を見つめている従業員が、最低限の時間を、最低限の仕事の依頼だけこなしていると想像してみてください。この人は生産性が低いだけではありません。**ストレスで疲れ切ってもいる**のです。

仕事中の「経験する自己」を理解したい——。ギャラップはシニア・サイエンティストのアーサー・ストーンとともに、「従業員が仕事中どのように感じているのか」という瞬間的な感情について調査しました。異なる職場環境にいる人々の瞬間的な気分や生理的機能はどのようなものなのか。まず、従業員エンゲージメントの度合いに応じて従業員を分けました。次に、「経験サンプリング」と呼ばれるプロセスに沿って、被験者にデジタル機器を持ってもらいました。彼らは、3日間（2日が仕事日、1日が週末）終日にわたり指示を受け、デジタルデバイスを使って、何をしていたか、誰と一緒にいたか、どう感じたかなど必要事項を記録しました。また、同じ瞬間に唾液を採取し、ストレスホルモンのコルチゾールのレベルも測りました。

その結果、エンゲージしている労働者ほど、そうでない労働者に比べて、折々に得られる幸福感や興味関心の度合いが高く、ストレスや悲しみの度合いが低いことがわかりました。しかも両者の差は、仕事をしていないときよりも、仕事中の方がより大きく開いていたのです〔次ページのグラフ参照〕。さらに、高いストレスが報告された瞬間は、コルチゾールの数値も高く、興味関心が強いことに向き合っているときは、コルチゾールは低くなりました。これから仕事という朝

1日の仕事時間を通しての興味関心の度合い

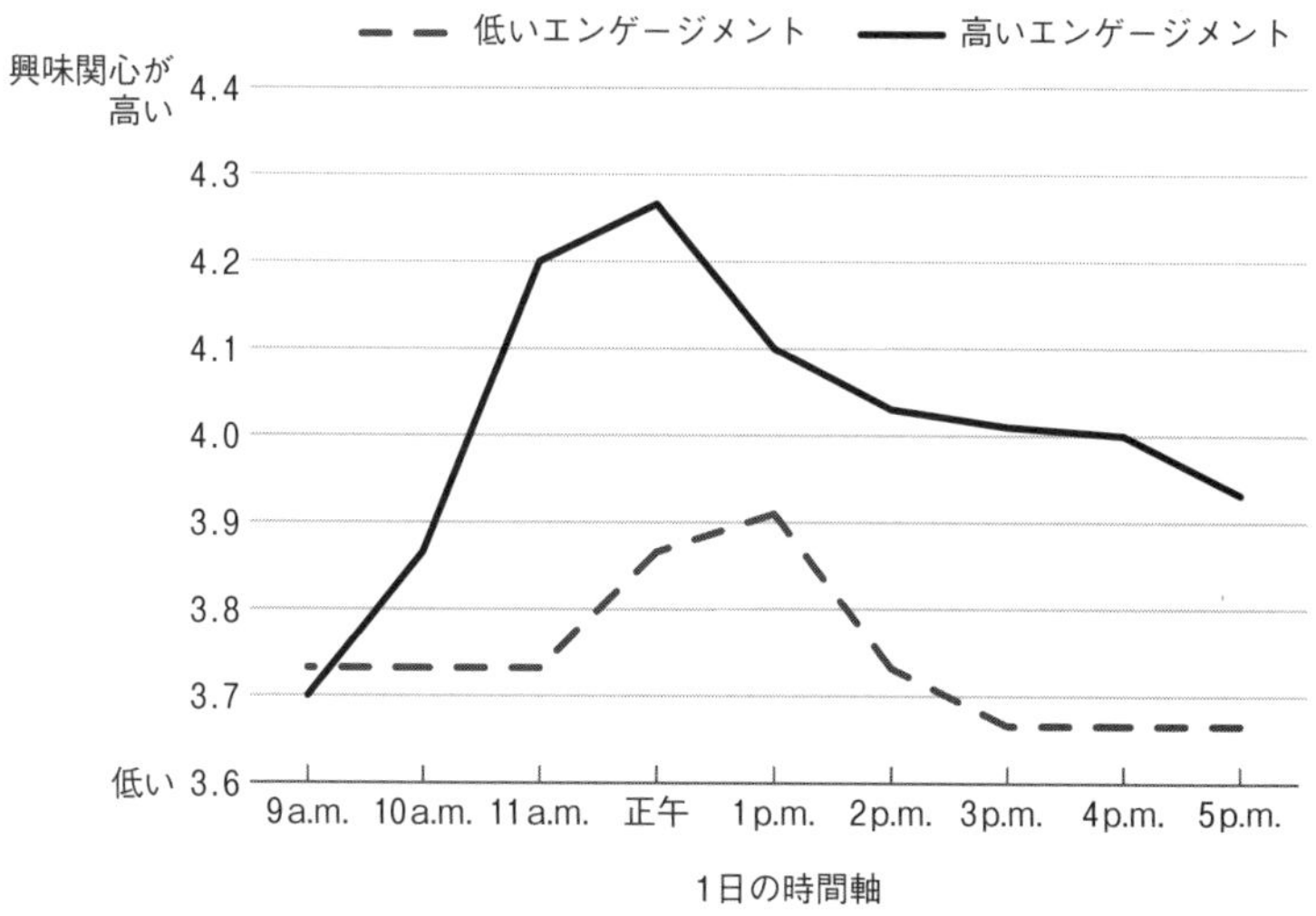

は、エンゲージしていない従業員の方が、エンゲージしている従業員よりも高いコルチゾールのレベルを示しましたが、土曜日のコルチゾールのレベルには差がありませんでした。

このように繰り返される対照的な平日と週末の経験サイクル。このことからエンゲージしていない従業員が陥るおそれのある長期的なダメージを考えてみてください。週末が待ち遠しいと思うのも当然でしょう。

米「Management Science」誌には、一般に公開されているデータの大規模なレビューが掲載されています。それによると、職場に高いストレス要因がある米国企業と、年間12万人以上の死亡者と、年間医療費の約5～8%には関わりがあるかもしれません。仕事にまつわる死亡率は、糖尿病、アルツハイマー病、インフルエンザなどの疾病による死亡者数を上回っているのです。

多くの企業は、「ウェルネス」に限定し、
従業員に健康的な食事と運動を奨励してきた。
しかし、最も焦点を当てるべき要素は、
「キャリア・ウェルビーイング」である。

多くの企業はこれまで、「ウェルネス」に限定し、従業員に健康的な食事や運動を奨励してきました。しかし、本当に焦点を当てるべきは、5つの要素のうち最も重要である「キャリア・ウェルビーイング」です。

マネジャーとの時間は、1日のうちで最悪の時間

1日の時間の使い方について詳細な質問をする、ナショナル・タイム・アカウンティングという手法があります。これを使った調査により明らかになったのが、「上司と過ごす時間は、従業員にとって1日の中で最悪の時間である」ということです。

学術文献のレビューによると、パワハラ的な上司は、従業員の飲酒や薬物問題、不眠症、そしてさまざまな危険な行動の原因となっています。もちろん、部下に無関心で関与しない上司も問題です。ひいては従業員が感情的に疲弊し、非常にエンゲージしなくなる要因となります。

とはいえ、悲観することはありません。組織はこうした問題を解決できるのです。マネジャーにスキルを身につけてもらい、効果的なコーチに育てることができれば、従業員が日々営む「経験」は劇的に改善されます。

さらに、マネジャーがウェルビーイングの会話をマネジメントに加えると、仕事のさまざまな側面にもポジティブな波及効果があることが証明されています。10業種、15カ国の約2万9000人の従業員を対象としたある研究では、従業員が「健康とウェルビーイングがよくマネジメン

トされている」と認識している組織では、「健康とウェルビーイングのマネジメントが下手」だと認識されている組織に比べて、組織のパフォーマンスが2・5倍以上になることがわかりました。それに加えて、「ウェルビーイングがよくマネジメントされている」と答えた人は、「組織がクリエイティビティやイノベーションを促進している」という項目に、より高い評価をつける傾向にあったのです。

生き生きしたキャリアとは？

キャリアのウェルビーイングが生き生きしているとはどのような状態でしょうか。

例えば、エンゲージメントの高い従業員は、朝起きるとすぐにその日にすべき仕事のことを考えます。これは、仕事は面白く、チャレンジしがいがあるととらえているからです。加えて、自分には成功できるスキルと才能があることを知っています。そのため、働くことを、給料をもらい報酬を得ることと同じくらい、あるいはそれ以上に楽しんでいます。そして、自分が何かを成し遂げれば、周りの人たちがそれに気づき、感謝してくれることを知っています。そして、1日や1週間のストレスや職務上の要求の内容にかかわらず、**世界に変化をもたらすために、自分の得意分野に取り組むことを楽しんでいるのです。**

このように従業員が仕事に生き生きと取り組んでいるときは、「週末のために生きている」というようなマインドセットは当たり前ではなくなります。もしくは、すっかりどこかへ行ってしまうでしょう。日曜日が終わるときの気分の落ち込みも、実質的に半分程度です。さらには、より生産性が高く、クリエイティブで革新的になります。なぜならこうした人は本質的に、自分の仕事にやりがいを感じているからです。

エンゲージした従業員は、より長時間、働く傾向にもあります。そして、仕事が私生活にもポジティブな形で波及しています。**「キャリア・ウェルビーイング」が高い人は、生活全体が生き生きしている可能性が2倍以上になります。**

自社の採用ブランドを大切にしている企業は、従業員の退職時には、彼らを人生の次の段階に向けて準備させることでしょう。つまり定年退職や退職後の「次の章」に向けた意識付けをしているわけです。人生のどの段階であっても、「自分がしていること」は重要であり、その人のアイデンティティそのものです。

リーダーのためのアクション項目

キャリア・ウェルビーイング

● **必ず組織の全員が自分の強みを知っているようにする**——強みに基づく戦略を用いて、従業員の経験（エンプロイー・エクスペリエンス）を組み立てます。応募から、採用、入社後の施策、エンゲージメント、パフォーマンスに至るまでその戦略を一貫させて、従業員の能力開発に注力する文化を作りましょう。

● **従業員の心身に悪影響を及ぼすマネジャーを排除する**——どんな組織も、働いてくれる人の人生を壊すようなマネジャーを決して容認してはなりません。今日の労働力にとっては、悪質なマネジャーは最も高いリスク要因となります。

●**マネジャーをスキルアップして、ボスからコーチに変貌させる**――効果が実証された手法を用いて、マネジャーのメンタリティを**ボスからコーチへ**と変貌させるのです。それには年単位の時間がかかるかもしれませんが、それはパフォーマンスの高いチームについて学び始める旅路《ジャーニー》だととらえるのです。マネジャーは、一緒に従業員の目標設定を行い、少なくとも週に1回は意味のあるフィードバックを提供するスキルを磨きましょう。

●**ウェルビーイングをキャリア開発の会話の一部として定着させる**――信頼さえ築けたら、マネジャーとチームは一緒に大きな夢を描くことができます。キャリアの目標や開発についてだけでなく、人生や全体的な目的、そしてウェルビーイングについて話し合いましょう。

Social Wellbeing: You Have Meaningful Friendships in Your Life

人間関係ウェルビーイング 人生を豊かにする友がいる

- 4人に1人が、「友人や家族が毎日ポジティブなエネルギーをくれる」ことに強く同意している。
- 10人に3人の従業員が「仕事上で最高の友人と呼べる人がいる」ことに強く同意している。

仕事上で最高の友人がいれば、従業員の生産性は格段に上がり、成果も上がる。これはギャラップ調査の中で、最も人の心をつかむと同時に、よく議論の的になる結果です。

もし、仕事上で最高の友人がいる従業員の割合が2倍になれば、安全上の事故は減り、顧客からの評価が上がり、収益率は10％も上がるでしょう。保守的な仕事に対する考え方に反して、友情はスピードと効率を高めるのです。同僚の動機や意図がつかみきれず逡巡する時間が減り、率直な会話をする時間が増えるので、高い生産性につながります。また、友人のためであればこそ、あえて行動することもあります。

1日の間一緒に働いていた人への好意度

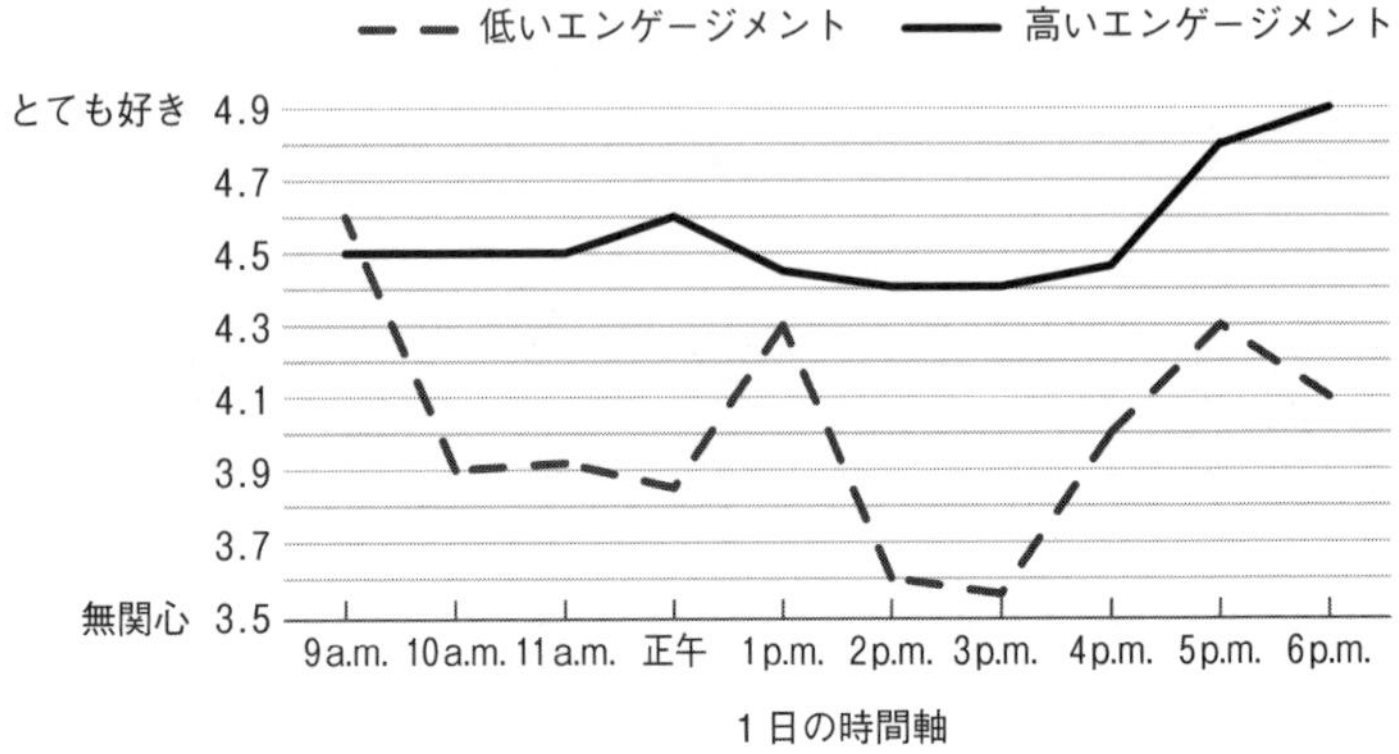

仕事における人間関係のウェルビーイングの重要性について、例を挙げながら説明しましょう。先述のギャラップが実施した従業員の瞬間的経験に関する調査の質問の1つに、「誰かと一緒にいるか」という項目がありました。「はい」と答えた人には、そのとき一緒にいる人のことを好きかどうかも尋ねました。

　仕事のエンゲージメントが低い従業員には、明確な1日のパターンがありました。好きな人たちと会って仕事を始めるものの、午前中のほとんどを関心がない人たちと過ごします。そして、好きな人たちとランチに行き、午後は同僚と気の滅入る時間を過ごします。それから、仕事終了前に再び好きな人たちと合流していたのです。彼らが「気分がよい」と感じていた瞬間の会話は想像がつくでしょう。1日を一緒に過ごさなければならなかった人たちに関する愚痴です。

　それに対して、エンゲージメントの高い従業員の経験は、より一貫していました。彼らは**1日の間、一緒にいた人たちすべて**に高い評価をつけていました。上の図は、エンゲージメントの高い従業員と、低い従業員の勤務日の1日を表したグラフです。

2020年に起こった新型コロナウイルスのパンデミックでは、多くの従業員が同僚と直接会えなくなったため、人との交流の重要性が高まりました。人間というものは非常に社会的な動物です。仕事でも自由時間でも、私たちの生活は、共に時間を過ごす人々との関わりにおいて成立します。そして、幼児期から大人になるまで変わらず、私たちのアイデンティティや自分の人生の意義に対する感覚は、最も親しい人間関係によって大きく左右されるのです。

「人と交流したい」というのは人間の基本的なニーズですが、ソーシャル・ディスタンスとリモートワークが普及して、それを満たすための新しい方法が生み出されました。オンラインでの会議や、部署でのバーチャル飲み会、マスクをつけての対面ミーティングなども含まれるでしょう。意図的に人付き合いをしなければ、隔離された状態や孤独は大きなリスクとなります。パンデミック以前から、リモートワーカーにとって最もリスクの高い要素は、この人間関係のウェルビーイングでした。これを執筆している時点で、米国人の約4人に1人が、1日の多くの時間を**孤独**を感じて過ごしていると報告しています。さらに「友人や家族は自分に前向きなエネルギーを与えてくれない」と考えている人の場合、この数字は2倍以上になってしまいます。

社会的孤立や慢性的な孤独感は、身体の健康にもメンタルヘルスにも深刻な打撃を与えます。うつ病の診断報告は、2020年を通して増加の一途をたどりました。ハーバード大学教授でギャラップのシニア・サイエンティストであるリサ・バークマンと同僚たちが9年間にわたって行った、「社会的・地域的なつながりと死亡率との関係」に関する調査があります。これによれば、地域や社会とのつながりがない人は、社会との接点が多い人に比べて死亡リスクが2倍になります。身体の健康状態、社会経済的な地位や、健康維持につながる習慣などは、これらの差に関係していません。

つまり、人間関係ウェルビーイングは、あなたにとって生死に関わるほどのニーズなのです。何かがうまくいっても、社会環境が劣悪な中で暮らしたり、他の人との交流がなかったりすると、あなたの心身に悪影響を及ぼします。一方で、お互いのことを気にかけ合うチームの一員であれば、人はどんなに先が見えなくても、また苦難に見舞われても、持ちこたえることができるのです。

人間関係ウェルビーイングは、多面的な生活のすべての側面と結びついています。自分の生活水準をどうとらえているかという認知度と収入の間には強い関係があります。しかし、キャリアのウェルビーイングと人間関係のウェルビーイングが充実していると、すべての収入区分において、生活水準の認知度が大幅に上がります。

人間関係ウェルビーイングは、自分を取り巻くすべてのものへの見方や解釈の仕方を変えるのです。

人間関係ウェルビーイングは、多面的な生活のすべての側面と結びついている。

人間関係ウェルビーイングへの洞察《インサイト》

あなた自身も、周りの人たちのウェルビーイングに重要な役割を果たしている――研究によると、喫煙や肥満などの健康問題は、周囲の人からの影響を強く受けることがわかっています。これは、直接の知り合いではない、「知り合いの知り合い」といった数次の隔たりがある人も含むのです。そしてあなたが下す自身の健康に関する選択も、周囲の人からの影響を受けます。あらゆる行動が社会的に伝播していくのは、友人の友人の友人による影響を受けるからです。つまり、一度も会ったことのない人からも影響を受けているのです。実際、研究によると、家族の病歴よりも友人からの方が、健康に影響を受ける可能性があるそうです。

自身の未来の幸福を予測するのに、自分の給与額よりも、友人や親戚のウェルビーイングの方が有効だという研究結果もあります。ギャラップが同一世帯の人を対象に行った調査では、同一世帯の誰かが生き生きしていれば、自分もそうなる可能性が倍増することがわかりました。

加えて、ギャラップの長期調査によってわかったことは、人は仲間と一緒に行うと、ウェルビーイングにつながる行動をより早くとることがわかっています。生き生きした人は、やはり生き生きしたチームメンバーを持つ傾向が20％高くなっています。仲間が大きな影響力を持つのは、自分の奮闘や成功を測って比較できるからです。

他の人とどれだけの時間交流するかは重要な点である――私たちの調査によると、この時間が

1時間増えるごとに、最長で6時間までの間は、1日の気分は向上し続けます。こうした人と交流する時間は、対面、オンライン、電話などどんな形であってもかまわないとギャラップはしています。1日6時間が平均的な時間です。理想的な時間は、人によって異なるでしょう。

「よい1日」だったと言えるためには、このように相当な時間、人と関わることが大切です。収入レベルがどの程度であっても、社会的な時間は、幸福感、楽しさ、笑顔や笑いを増やし、一方で不安、悲しみ、ストレスを減らすのです。一般的に言えば、より多くの人間関係を持つほどよいと言えますが、もちろん量だけでなく質も非常に重要でしょう。

では、どのくらいの人間関係を持つとよいのでしょうか。**少なくとも親しい間柄を3、4人持**つ人は、より健康で、よりウェルビーイングも高く、仕事にもよりエンゲージしているということです。反対に、親しい間柄の人がいないと、孤独感やうつ状態になってしまう場合もあります。**他の人と交流できれば、形は問わない――しかし、それもある程度までは**の話です。1万7719人を対象に、前日の状態を尋ねた私たちの調査があります。1日の朝昼晩で、どのくらい人と交流する時間があったか、誰と過ごしたか、どのような形だったか、どのように感じたかを聞きました。そのときに、対面、メール、テレビ鑑賞、食事、運動、SNS、電話、メールなどの交流の形態が関係するかどうかを調べたのです。その結果、ほとんどすべての形態が気分を高めるものの、メールやソーシャルメディアのようなテクノロジーを使った遠隔の形態には閾値があり、ある一定の所まで来ると気分が低下することがわかりました。

人と交流する時間のために最もよい形は、食べる、飲む、運動する、歩くなどの対面での活動です。しかし興味深いことに、イベントそのものよりも、直接会って交流する時間の総量の方が重要であるという結果が出たのです。

他の人と交流する時間は、人的資本を生み出す――従来のマネジメントでは、職場での社交時間は非生産的とみなされて苦い顔をされていたかもしれません。「もし誰かが人と交流していたら、その人は仕事が終わっていないはずだ。**職場は社交場ではない**」とばかりに。マネジャーの中には、仕事に関係のない会話をよしとしない人さえいます。極端なリーダーは、従業員で友情を育むことを、分裂、偏見、ゴシップや社内政治の原因とみなして嫌がることさえあります。

しかし実際は逆で、こうした社交的な時間を適切に積み重ねると、かけがえのない人的資本が生み出されるのです。

その理由は非常にシンプルです。人は本質的に、友人のためにはいろいろなことをしたくなります。友人と会うのは待ち遠しいし、何か頼まれれば助け、自分も助けを求めます。よい仕事をしたら気づいてくれて、物事がうまくいかないときにサポートしてくれる、そんな存在が職場にいるのです。

今日、多くの組織や仕事は高度にマトリクス化されており、複数のチームが連携して仕事を進めることが求められています。こうしたスピードとクリエイティブさが求められる環境では、問題への対処法や解決法、すべてがうまく機能するような連携方法を考えることも仕事になります。社交の時間があると、組織がアジリティ〔すばやく状況判断し、行動する力〕を発揮するために必要な信頼が醸成されるのです。

「6時間の社交的時間」は、たいていの場合、仕事中にある程度確保しないとできないでしょう。エンゲージして仕事をしている人と、そうでない人の社交時間の合計差は1時間未満です。

人と交流することは人間の本質的な性向です。ですから組織が何を規定しようと、従業員は人と交流する方法を見つけるでしょう。あなたは、同僚や部下たちが裏で愚痴を言い合う組織文化にしたいでしょうか。それとも、人間の本質を最大限に活用して、お互いに信頼し合える人たちと一緒に生き生きしたエンゲージメントの高い文化を築きたいでしょうか。

2020年のパンデミックで明らかになったように、非常に生産性の高い従業員の中には、周囲の人々と関わることで元気をもらい、生き生きと仕事ができる人もいます。一方で、ひとりになる時間があることで、多くの仕事をこなせる従業員もいます。このような人たちは、ずっと同じチームで同じ仕事をして、高いレベルのパフォーマンス（結果）を出す傾向がよく見られます。

より少人数の人と、より深く、より長く付き合いたいという人もいるでしょう。一方、大勢の人が集まる所やパーティーへ行き、常に新しい人と出会いたい人もいるでしょう。1対1の会話が好きな人もいれば、大勢の人との交流から生まれるエネルギーが好きな人もいます。しかし、人とのつながりを感じたいというニーズは誰もが持っているのです。そして、人間関係は、以下の3つの要素のカギを握ります。

● エンゲージメント——従業員は毎日会社に来たいと思っているか？
● パフォーマンス——同僚を助けるために、求められる以上のことをするか？

●ウェルビーイング――お互いを大事にする人たちに囲まれていると感じているか？

リーダーのためのアクション項目

人間関係ウェルビーイング

●**新規人材の定着を図るオンボーディング施策には、他の人との交流を取り入れる**――新しく入社した従業員に対するオリエンテーションは、「社交」を重要な部分に位置付けて構成しましょう。自分のパートナーが誰なのか、誰を頼ってよいのか、必ずわかるようにします。オンボーディング（定着）が成功すれば、1年以内には友情やパートナーシップが育まれているでしょう。できれば直接会う時間を作ります。信頼は、直接話すことで、より早く築かれるのです。

●**従業員と話をして、よく相手を理解する**――誰と仕事をすると楽しいか、誰が目標を共有しているか、今後のプロジェクトで誰とパートナーを組みたいか、など質問しましょう。

●**統合する**――人間関係ウェルビーイングを他のウェルビーイングの目標と組み合わせる方法を探しましょう。例えば以下のような形です。

○**キャリア・ウェルビーイング**＝チームの中で最も生産性の高いパートナーシップを、皆で承認し合う。

○**経済的ウェルビーイング**＝経済的なストレスを減らし、長期的に安定するためのアイデアは何でしょうか。それを共有する機会を設ける。

○**身体的ウェルビーイング**＝同僚に自分の健康に関する取り組みや、効果があったことを共有してもらう。お互いのプロセスや目標を知ることで、自然とつながりが生まれる。

○**コミュニティ・ウェルビーイング**＝地域のボランティア活動を、従業員の社交の場として活用する。地域の目標を共有して、一緒に取り組むことを後押しする。

リーダーのためのポイント――どんな組織やマネジャーも、目の前の相手を無理やり友達にすることはできません。この要素は、組織にとっては最も難しい要素だと思われるかもしれませんが、実は思うより簡単なのです。リモートであれ対面であれ人と交流することはいいことですが、気分に最も大きな影響を与えるのは、対面での付き合いです。だからといって、長時間付き合わなればいけないわけでも、人とのつながりに大幅に時間を割かないと効果がないというわけでもありません。仕事を通じてお互いに知り合う機会を定期的に設けましょう。そして、人間の摂理に背かないことが大事なのです。

Financial Wellbeing: You Manage Your Money Well

経済的ウェルビーイング 上手にお金を管理する

- 「先週、お金の心配をしなかった」と答えた米国人は、4人に1人しかいない。
- 仕事がある人にとって経済的に「葛藤」や「苦痛」の状況にあることは、日常的な悩みやストレスを予測する唯一かつ最大の要因になる。

お金で幸せを買うことはできるのか？

哲学者たちは何世紀にもわたってこの問いを議論してきました。しかし、これは質問自体が不適切なのかもしれません。

組織と従業員にとってより適切な質問は、「**どのようにしたら**お金で幸せを買えるだろうか？」かもしれません。どんなに高い給料を払っていても、組織は不安やストレスを抱えた従業員からは、恩恵を受けることはないのです。

もちろん、お金がすべてではありませんが、適切な成果が設定され、うまく管理されれば、選択肢は増え、より多くの自由が手に入るでしょう。そしてその選択肢が生活の質を決定付けます。

先述の通り、「記憶する自己」では、高所得者ほど生活の評価も高くなります。また、裕福な国の人々は、全体的によい生活を送っていると回答しています。そして「経験する自己」では、年収が高くなるにつれて日々の感情もよくなりますが、閾値があります。平均年収9万ドル（2021年時点）を超えると、収入が増えても日々の感情はそれ以上改善されないのです。しかし、以下の結果も念頭に置いてください。

●63カ国を対象としたメタ分析によると、選択の自由、つまり自律性があると、単に豊かであるよりも、ウェルビーイングをより強く予測することが明らかになった。

●ギャラップが米国在住の1万7820人を対象に行った調査によると、「経済的自立度が高い」と回答した人（やりたいことに使えるお金を持っている人）は、収入レベルに関係なく、はしご尺度の質問で同じ評価をつけていることが明らかになった。

ジョージ・ギャラップが調査した95歳以上の「年配諸氏」たちは、伝統的な尺度でとらえるとお金持ちではありませんでした。しかし、生活ニーズを満たすのに必要なお金は十分あり、支払いの心配をすることはめったにありませんでした。現状の経済的ウェルビーイングの高い人々を調べても、同じことがわかっています。貯蓄口座や退職金口座への自動入金、請求書の自動支払いなど、仕組みを自動化することで、収入額にかかわらず、適切な判断をする経済システムがかなうのです。

つまり、経済的ウェルビーイングとは、経済的な**安定性**のことです。たくさんのお金を稼ぎながらも、経済的な不安を感じている人はたくさんいます。周りの人に遅れまい、または追い越そうと、分不相応な使い方をしたり、クレジットカードの負債を重ねているからです。

それに比べて、稼ぎはずっと少なくとも、経済的に安定して、お金のことを心配しないでやりたいことをたくさんできる人もいます。その感情が、経済的ウェルビーイングの核心なのです。

やりたいことをするために十分なお金があると**認知していれば、収入と比較して3倍もウェルビーイング全般に影響を与えます。**

各ウェルビーイング要素は関連し合っている

ウェルビーイングの要素はどれも単独で完結することはありません。特に経済的ウェルビーイングはその傾向が強いのです。以下の調査結果から何が言えるでしょうか。

● ある調査によると、米国人の45%が「自分は次の給料日まで自転車操業の生活をしている」という質問に同意、または強く同意しているという結果が出ている。経済的な問題を抱えている従業員は、経済的に「不安がない」と答えた従業員に比べて、健康状態が悪くなる可能性が2倍高いと言われている。また、ストレス度も高く、欠勤が多く、エンゲージメント度も低いと報告されている。

●健康と経済的ストレスは、複合的に悪い影響を及ぼす。ギャラップが米国の３０００の郡の10万人の住民を対象に行ったウェルビーイング調査のデータによると、経済的ストレスは、健康状態のよくない郡に住む人々のウェルビーイングに対して、一層ネガティブに作用することが判明した。

雇用主は、従業員に十分な給与や手当を用意しているように（または「これ以上何もできることはない」と）感じているかもしれませんが、従業員が経済的なストレスに苦しみ、それが結果的に健康や仕事のパフォーマンスに影響を与えている可能性があることを、頭の片隅に置いておく必要があります。従業員に経済的なアドバイスやリソースを提供することは、従業員のエンゲージメントを高めるだけでなく、あなたが部下や従業員のウェルビーイングを大切に思っているのだという意思表示の表れにもなります。

誰しも収入を増やすために転職しますが、その動機は必ずしもお金だけではありません。ギャラップの調査によって判明したのは、人が転職でいくら求めるかは、その人のエンゲージメントとキャリアのウェルビーイング次第であるということでした。エンゲージメントの低い労働者は、どんな昇給額でもほぼ転職に踏み切ります。一方、エンゲージメントの高い労働者の大半は、現在の会社を辞めるには20％以上の昇給を求めるのです。

人間関係やコミュニティのウェルビーイングは、経済的なウェルビーイングにも影響します。先述の通り、人々の気分は、収入レベルに関係なく、１日にどれだけ人との交流時間を持てたかによって左右されます。人づきあいにお金を使うと、一生の思い出と関係性が育まれ、人間関係のウェルビーイングを高めます。

基本的なニーズが満たされているなら、人のためにお金を使うのが最もよい使い方でしょう。人のためにお金を使うことは、収入が入るのと同じくらい幸福にとって大事なことがわかっています。地域に思い切った額を寄付し、ボランティア活動を行うと、コミュニティのウェルビーイングも大きく高まるでしょう。

従業員が経済的なストレスに苦しみ、それが結果的に健康や仕事のパフォーマンスに影響を与えている可能性があることを、頭の片隅に置いておく必要がある。

最も避けられているマネジャーとの会話――給与の話

近年、行動経済学の研究により、人が何をもって裕福とするかは、往々にして他人との比較に基づいていることが明らかになりました。自分が実際にどのくらい稼ぎ、どのくらいの大きさの家に住んでいるかということよりも、他の人の収入や家と比べてどうかという比較に意識が向きやすいのです。

ここで、従業員は業界の市場の相場に比べて給与が低いと考えやすい、事実について考えてみましょう。ペイスケール（PayScale）社が7万1000人以上の従業員を対象に行った調査によると、「業界の相場以上の給与を受けている従業員」のうち、35％が「相場より低い給与である」と誤解しており、45％が「相場の給与である」と考えていました。「相場以上の給与である」と認識していたのは、21％だけだったのです。一方、同じ調査によると、「相場の給与が支払われた従業員」のうち、64％が「自分の給与は相場以下」だと考え、30％が「相場である」と正確に考え、6％が「相場以上の給与」だと考えていました。

以上のことから、単に相場以上の給与を支給するだけでは不十分だというのがわかります。従業員が自分の給与に満足するには、実際の給与額よりも、給与の理念や方針、給与額の決定方法についてオープンに話し合うことが重要なのです。相場以上の給与を支払いながらそのような会話がないよりも、相場の給与額で給与に関する会話をする方がずっと効果的です。

リーダーのためのアクション項目

経済的ウェルビーイング

● **ファイナンシャル・プランニングとその進捗、投資、貯蓄のためのリソースやツールを提供する**──社内の財務専門家から、従業員がアドバイスを受けられるように制度を整えましょう。専門家のアドバイスにより、従業員の短期的な金銭的ストレスを軽減し、将来への安定性を高め、基本的なニーズを満たすために資産を運用することをサポートできます。

●**長期的な貯蓄と退職後に向けた投資を奨励する**――雇用主は、例えば確定拠出年金を設定して、従業員が退職後に向けて準備せざるを得ないようにすることもできます。最初から設定すれば、従業員は長期的な観点から利益がある行動をとりやすくなります。

●**公平感を高めるべく、従業員と給与に関する会話を円滑にするための研修を実施する**――賃金に関する会話は、マネジャーにとって最も難しいものの1つなのです。成功するために必要なツール、サポート、情報、教育を提供してください。

●**チームのインセンティブを利用する**――インセンティブや出来高制での支払いは、チームのパフォーマンス向上を目的に。個人へのインセンティブも有効ですが、経済的に安定しなかったり、逆にチームの目標に反したりしないような方法で設定してください。

●**全体的な報酬制度に従業員のウェルビーイング向上を勘案する**――他社より魅力のある福利厚生を用意することで、従業員のウェルビーイングを高められます。ギャラップが最近行った福利厚生に関する調査によると、福利厚生は3つのカテゴリーに分類されます。

○健康保険、確定拠出年金、有給休暇、各種保険など、他社との差異化につながる基本事項
○柔軟な勤務地や金銭的なボーナスなどの福利厚生
○フレックスタイムや専門的な能力開発の機会など、従業員のエンゲージメントやウェルビーイングのレベルが他社との差異化につながる福利厚生

●**地域社会への寄付を奨励する**――ひとりひとりが情熱を持っていることや、目標に合わせて、従業員が金銭的な寄付をできるように助けます。

身体的ウェルビーイング やり遂げるエネルギーがある

- 医療費の75％は、ほとんどが予防できる疾患による。
- 米国人の約10人に1人は、「身体の健康状態がほぼ完璧だ」という項目に強く同意している。
- 米国人の10人に2人は、「過去1週間は毎日、活動的で生産的な気分であった」ことに強く同意している。

健康を害するリスクをこれまでとは違う形でとらえる

ここ数十年、健康問題を抱える人が増加している傾向にあります。多くの経営者がそれに伴うコストの増加に頭を抱えています。その一方で、医学の進歩に伴い、高血圧、心臓病、がん、その他多くの病気に対する画期的な治療法が生まれました。しかし、これらの治療法は病気を予防するのではなく、病気と診断された後に行われるものです。

新型コロナウイルスのパンデミックによって、こうした慢性的な健康リスク要因がいかに重要であるか、皆気づき始めました。治療しても、レジリエンスにリスクの差が出るのです。本書を執筆時点で、新型コロナウイルスは米国人の死因の第3位で、事故、怪我、糖尿病、肺疾患、アルツハイマー病、その他多くの死因より上位になっています。新型コロナより多い死亡要因は、心臓病とがんです。慢性疾患は、高齢や喫煙歴とともに、新型コロナウイルスの重症化や死亡リスクを大幅に高めることがわかっています。

米国でのパンデミックが始まった2020年3月、ギャラップは、死亡のリスクが高い米国人成人の数を割り出そうとしました。その際に使ったのが、一般公開されているリスク要因のほか、疾病負担、喫煙歴、年齢に関連した「ギャラップ全米健康ウェルビーイング指数」の推定値です。当時ギャラップのアナリストは、100%が新型コロナウイルスに感染したと仮定した場合、深刻な死亡リスクがある米国人は1100万人であると推定しました。

そして2020年7月初旬に米国の確定症例が300万人に達した際、このモデルに基づいて、私たちは13万2826人の死亡を推測しました。実際の死亡者数は13万2309人でした。

つまり驚くほど高い精度で、新型コロナウイルスのようなウイルスに対する人々の回復力には、基礎疾患の有無が大きく影響することがわかったのです。今後さらにパンデミックが発生するかどうか、またあとどれくらい新型コロナウイルスが人々の生活を脅かすのかは誰にもわかりません。しかし、ここから学ぶことはできます。年齢は変えられませんが、その他の多くのリスク要因を下げる努力をすることはできるのです。新型コロナウイルスによって明白になったのは、身体的ウェルビーイングの状態が悪いと、社会や従業員にいかに大きなリスクをもたらすかということです。

経営陣として、この「従業員のレジリエンス向上」という新たな要請にどう応えるか考えるなら、消毒や清掃用品、飛沫防止のアクリルボード、個人用保護服などを準備するだけでは不十分です。継続的な身体的ウェルビーイングへの取り組みは、組織全体を健全にするために不可欠な要素であるとみなしましょう。さらに、身体的ウェルビーイングが「葛藤」や「苦痛」の状態にあると、**日々**のエネルギーやレジリエンスも低下します。公衆衛生上の危機や、その他の危機に見舞われても、組織にすぐにしなやかに立ち直る力があるか。それは、従業員にどれだけレジリエンスがあるかがカギなのです。

毎日の習慣こそが免疫力の向上につながる

身体的ウェルビーイングとは、基本的には自分の健康を管理することです。そうすればやりたいことをなんでもできる活力を確保できるでしょう。睡眠、運動、食生活などは、自分でコントロールすることができます。

睡眠は、気分や免疫力をまっさらな状態に戻してくれます。大規模なメタ分析によると、平均して睡眠時間が7時間未満、または9時間以上になると、高血圧、心血管疾患、脳卒中、肥満など多くの健康上の問題の発生率が上がることがわかっています。
CDC（米国疾病予防管理センター）によると、米国人の35％が1日の睡眠時間は7時間未満で、わずか4％だけが9時間睡眠をとっていました。つまり、10人に4人ほどが不健康な睡眠時間であるということになります。

新型コロナウイルスによって明白になったのは、身体的ウェルビーイングの状態が悪いと、社会や従業員にいかに大きなリスクをもたらすかということ。

よく眠ることで得られる効果はたくさんあります。ストレスの軽減、学習能力や記憶力の向上、問題解決能力の向上など、実にさまざまです。独創的な仕事を生み出すチームが必要な雇用主にとって、睡眠は最も大事です。

睡眠には免疫力を高める効果もある――免疫力は、夜の睡眠時間が7時間未満だと落ちます。医学的な研究によると、睡眠効率が悪かったり、睡眠の間隔が短すぎる人は風邪をひきやすいという結果が出ています。

また、2016年に英国で行われたランド研究所の調査によると、推奨される睡眠時間をとっている人と比べて、一晩の睡眠時間が6時間未満の労働者が病気により働けない時間は、1人当たり年間約6日分に相当します。

誰でも夜はよく眠るべきだとわかっています。組織は睡眠を強制することはできません。しかし研究結果を伝え、それがもたらす結果をマネジャーに意識させることはできます。以下の調査結果について考えてみましょう。

●脳は体のエネルギー量の20％を消費するが体重の2％の質量しかない。
●人間の体の大部分は絶えず細胞から老廃物を排出しているが、脳は唯一、そのために睡眠を必要とする器官である。睡眠は、頭をすっきりとさせ、回復させる働きをする。短時間の昼寝や、深い眠りについた後の気分を味わったことがある人なら、誰もが認めるところだろう。
●ギャラップが調査で、前日の睡眠の質を尋ねたところ、ひどい気分の人でも、よく眠れた人は、翌日には平均以上の気分に戻っていた。しかし、よく眠れたと思えなかった人は、翌日も気分がよくないままだった。

運動は気分を改善し、免疫力や学習能力を高める――普通の人が運動するには、強い意志が必要です。ジムに通ったり、早起きして走ること自体も、続かない人が多いでしょう。

しかし、最近の医学的な研究では、どんな運動でも、ほんの少し体を動かすだけで、すぐに幸福感が高まることがわかっています。ある研究では、たった20分運動しただけで、運動していない人に比べて気分が大きく改善されていました。

また、運動をしている人は、翌日、身体的な見た目に自信が持てる確率が2倍以上になることもわかっています。**週2日**の運動でも、幸福感が高く、ストレスが大幅に軽減されるのです。運動は処方薬よりも効果的で、疲労回復に最適な方法の1つでもあります。メイヨー・クリニックによると、「スタミナ不足は、年齢ではなく運動不足が原因であることが多い」のです。研究によると、運動は免疫反応にも影響を与えます。加齢や記憶力、神経可塑性〔学習することで脳のシナプスを結びつける脳の能力〕にも影響を与えるからです。

朝、仕事の合間、夕方など、太陽光の下で安全にできる運動を見つけるのも、免疫力を高めることができます。日光を浴びすぎると皮膚がんのリスクが高まりますが、日照時間が少なすぎても免疫力が落ちてしまいます。ビタミンDは、太陽の光を浴びて体内で生成されるからです。外で過ごす時間は、一般的に慢性疾患リスクの低下と関連しています。

このように運動は大切ですが、長時間座りっぱなしの、「セデンタリーな生活」をしないように心がけることも大切です。6215人の成人を対象とした研究では、座ったままでテレビやモニターを見ていることが、肥満に大きく関係していることがわかりました。「中」から「高」程度の身体活動をしていると肥満は改善されますが、長時間（4時間以上）座っている人は、定期的に運動をしていても、肥満になる可能性が高いことがわかりました。

先の調査結果は、雇用主に、従業員の身体的ウェルビーイングや気分、免疫力、そして効果的な学習能力を高めるヒントを教えてくれています。従業員が1日中デスクワークをするのではなく、立ち上がって動き回れるような職場や仕事スペースを設計することです。

食生活の習慣と「メタ炎症」〔メタボリズム＋炎症〕**」**――栄養学には苦い歴史があります。特定の利益団体や誤って解釈された調査に苦しめられた結果、栄養ガイドラインを変更したことが、肥満率の上昇につながったと考えられています。20世紀には、高脂肪の食品をとらないことが推奨されていましたが、次第に高炭水化物・高糖質の超加工食品が食卓を占めるようになり、現在も続く肥満の増加の原因となっています。

最近の研究でわかっているのは、高カロリーな欧米式の食生活と座りっぱなしの生活は、相乗効果で「メタ炎症」、つまり免疫力に影響を与える慢性的な代謝性の炎症を引き起こすということです。食生活の面では、基本的に自然の構造を取り除いた食品、例えば加工食品、甘い清涼飲料水、ファストフード、その他の手軽に取れる食品や、食物繊維やビタミン、ミネラルが不足しているスナック菓子などが大きく関係しています。しかし、人間の体は本来は自然のままの食品を効率よく消化するようにできているのです。

リーダーのためのアクション項目

身体的ウェルビーイング

● **長期的に見て体のためによい行動を意識的にとる**——よく眠ること、健康的に食べること、頻繁に運動することは、レジリエンスを育むために日常的にでき、すぐに恩恵があります。このような短期的なメリットも従業員に意識して伝え、健康的な選択をするように後押ししましょう。

● **身体的ウェルビーイングの重要性を部下に伝えることを、マネジャーの期待値に入れる**——マネジャーをコーチングし、部下が関心のありそうな、会社の健康関連プログラムを共有します。うまくいったら祝うように取り組んでもらいましょう。また、波及効果を狙って、管理職はベストプラクティスを共有し合い、承認するようにしましょう。

●**管理職や従業員が、「事実」を入手できるようにする**──最新の科学的文献に詳しい栄養学の専門家に、簡単に実践できる方法をまとめてもらいましょう。特定の利益団体やメディアが、小さな研究結果を取り上げ、栄養学に見せかけたアドバイスをすることは後を絶ちません。このような信憑性の低い情報が溢れている中で、従業員に必要なのは、メタ分析やランダム化比較試験に基づいた事実なのです。

コミュニティ・ウェルビーイング 住んでいるところが好き

●企業の社会的責任（CSR）に関する評価が高い組織は、主要な財務指標において同業他社を凌駕《りょうが》している。
●米国人のほぼ4人に1人は、「住んでいる地域やコミュニティは自分にとって完璧な場所である」ことに強く同意している。

ギャラップの5つのウェルビーイングに関する初期の調査で、コミュニティ・ウェルビーイングが「あること」を分ける要因として突出していることが判明しました。それは、「よい生活」と「すばらしい生活」を分ける強力な差別化要因ということです。コミュニティ・ウェルビーイングが充実している人は、「自分の暮らしがこんなにすばらしいものになるとは思わなかった」と言います。

なぜでしょうか。

企業のミッションや目的が、最もエンゲージしている従業員の心に響くのと同じように、人は「自分は、大きな何かの一部である」と感じたときに、大きく満たされます。コミュニティはそのような感情を人々に抱かせるのです。

人々は、仕事を超えて、自分の人生に重要な意味があることを実感したい。

世界をよりよくするような意味のある仕事は、従業員のウェルビーイングにとって重要です。そして人々は、仕事を超えて、自分の人生に重要な意味があることを実感したいのです。

このような目的意識は、地域レベルでとても強くなります。社会がどんなにデジタル化されても、人々は実在する場所に住んでおり、そこが社会生活の基盤となります。地元のスポーツチームの勝敗が、どのくらい都市や州全体の雰囲気や、自分のコミュニティを誇らしく思う気持ちに影響を与え、そして経済を引っ張るか、考えてみてください。

現在、かつてないほど簡単に世界中とコミュニケーションをとったり旅行をしたりできるようになりましたが、あなたが最も大きな影響力を与えるのは、身近な地域の人々です。あなたの「1票」は、地域レベルではより大きな重みを持つでしょう。あなたという1人の人が最大の貢献をするところであり、あなたが費やす時間と資源が誰かの生活を一変させるほどの力を持つ場所なのです。

大洪水や台風、竜巻などの自然災害が発生すると、地域社会で人々が困っている人を助けようとして活動します。これは人間のDNAに組み込まれているのです。

100件の研究をメタ分析した結果、他人の幸福を気にかけることが、より高いウェルビーイングにつながることがわかりました。しかし同様に、研究者たちは、自己利益も重要であることを発見しました。1人の援助者のウェルビーイングが最も高くなるのは、利他主義に加えて何らかの個人的なつながりがそこにある場合です。

さらに、利他主義は長寿にもつながります。**善行**は、ストレスやネガティブな感情を予防します。ギャラップの調査によると、10人中9人が恩返しやボランティア活動をすることで感情が高まると回答しています。

リーダーシップの新たな必須事項——企業の社会的責任

今日の従業員は、自分の組織が利益や株価を上げるだけでなく、より大きな社会的ミッションの一端を担っていてほしいと思う傾向にあります。求職者の3人に1人は、「所属する組織がコミュニティによい影響を与える」ことが非常に重要であると答えています。また、企業の社会的責任（CSR）に対する評価が高い組織は、主要な財務指標において同業他社を凌駕しています。その結果、CSRはビジネスにとって優位であるとの証明になり、経営陣や取締役会の必須事項となっています。

最低限の水準において、コミュニティのウェルビーイングとは、安全で、家族にふさわしい住居を持つことです。多くのコミュニティは、犯罪、恐怖、失業、汚染など、改善しなくてはならない大きな問題を抱えています。人々が生活に不安を感じていたら、地域社会に力を還元することはできません。

2020年1月、世界経済フォーラムは、報告の一貫性を保ち、持続可能な価値を創造するための、共通の会計指標のリストを発表しました。これらは、ダイバーシティ、倫理的行動、健康と安全、温室効果ガス排出量などの環境・社会・ガバナンス（ESG）変数を測定することを目的としています。

CSRは、組織がその組織のよき奉仕者であることから始まります。しかし、CSR活動が最も効果を発揮するのは、それが組織を超えて社会全体に及んだときです。

その証拠に、「Organization Studies」誌に掲載された52件の研究のメタ分析から、企業の社会的・環境的パフォーマンスと財務的パフォーマンスの間に一貫した関係があることが判明しました。特に、一般公開された報告書や顧客からの社会的責任に関する**評価**は、財務的成功とつながりがあることを示していました。

充実度――コミュニティ・ウェルビーイング

コミュニティのウェルビーイングが高い従業員は、自分が住んでいる場所が安全だと安心しています。また、自分が住んでいる場所が、自分の望むライフスタイルに合っているとも感じています。彼らは自分のコミュニティに誇りを持ち、コミュニティが正しい未来に向かっていると信じています。

さらに、彼らはコミュニティに恩返しをしようと、有意義な貢献をしています。特に貢献度の高い人になると、地域社会への関与が認知されているでしょう。彼らはランナーズ・ハイならぬ「助っ人・ハイ」を経験します。そしてそれは、生活の他の側面にも波及していくのです。気分やエネルギー、そして意欲が高まり、生活の他の分野でもよいことをしようとするでしょう。

他の4つのウェルビーイング要素と同様に、コミュニティ・ウェルビーイングは他のウェルビーイング要素に影響を与え合います。コミュニティのウェルビーイングが高い人は、活動的で、仕事にエンゲージして、人ともよく交流している傾向にあります。同じように、身体が健康で、経済的に安定しているからこそ、寄付やボランティア活動ができるのです。

リーダーのためのアクション項目

コミュニティ・ウェルビーイング

● **従業員にとって一番大切なコミュニティの問題は何かを知る**——人の都合や目的は時間とともに変化します。例えば、従業員に子供ができたら、子供に関連したプログラムに興味を持つようになるかもしれません。生活が変われば、参加する場も変わります。

● **従業員には、自分にとって意味のあるコミュニティの活動を選ぶよう奨励する**——奉仕活動は、チームワークを高めるすばらしい経験になります。さらに、従業員が自分ならではの才能や専門性を活かして貢献できないかを、探してみましょう。例えば、営業チームは地元の非営利団体のために募金活動ができるかもしれません。また、マーケティングチームは地域のイベントを促進するためにグラフィックデザインや総合的な戦略を提供することもできるでしょう。

● **従業員が地域社会で行っている活動について共有する機会を設け、その参加を称える**——従業員とそのチームによる地域社会への貢献を、広く公に承認することが大切です。

従業員が情熱を傾けていることが何であれ、大事なのは**何か**をすることなのです。

生き生きした組織文化の築き方

ほとんどの組織の経営陣は、「組織文化」づくりに最優先で取り組むべきだと考えています。エンゲージメントの高い文化を築ければ、顧客のニーズに対して、高いエネルギーやイノベーションを吹き込めるよう、機敏に動くことができます。それは好調なときであっても、危機的なときであっても変わりません。しかもエンゲージメントの高い文化は、従業員が**生き生き**と働ける会社だ、という「採用ブランド」、つまりあなたの会社の評判を生み出すので、優秀な人材を惹きつけることもできます。

生き生きした組織文化を発展させるためには、まず、経営陣や管理職が自らウェルビーイングの5つの要素すべてにおいて生き生きしていることが重要です。リーダーが生き生きしていると、それが組織の他の部分にも波及していきます。

次に、経営陣や管理職は、最終的に目指しているのは従業員ひとりひとりの能力開発であることをわかっている必要があります。ひとりひとりの従業員のウェルビーイング、そして多くの場合、その家族全員のウェルビーイングは、その人をどのくらい効果的にマネジメントできるかにかかっているのです。

世界最高のリーダーはこれを理解しています。ホテルチェーン、リッツ・カールトンの元社長、サイモン・クーパーは、自社の大きな目的は、世界中の何千人もの従業員だけでなく、その家族にも奉仕することだと考えていると話してくれました。クーパーのようなリーダーは、自分がフォロワーや社会全体に与える影響の大きさを強く認識しています。

葛藤や苦痛に喘《あえ》ぐ組織文化から、生き生きとした組織文化に変革するカギ。それは、ひとりひとりが最も関心を持っていることを簡単に実現できるようにすることです。

誰もが次のようなことを手に入れたいと望むのではないでしょうか。

●エンゲージしたキャリア
●固い絆で結ばれた人間関係
●経済的安定
●健康的でエネルギーに溢れた身体
●安全に暮らせる場所

こうした目標が達成できたら、誰の「記憶する自己」にとってもこれほど良いことはないでしょう。しかし、証拠が示しているのはほとんどの人は葛藤しているということです。その理由はいったい何でしょう。何が阻《はば》むのでしょうか。その答えは、「経験する自己」が目の前の満足感を優先してしまうためです。

「経験する自己」にとって、いまの楽しい経験と、長期的な結果を分けて考えることは簡単です。「経験する自己」が喫煙者に「あと1本吸っても死ぬことはない」とささやいたとしても、それを繰り返せばいずれ死に至ります。同じことが、以下のような、最終的に葛藤や苦痛につながる何百もの他の破壊的な選択にも言えます。

- 自分自身に成長を感じられない職場で、パワハラ上司をもう1週間我慢すること
- 忙しすぎて友達や家族との時間を疎かにすること
- 特に必要でもない、または本当は分不相応のものを、クレジットカードで買うこと
- エクササイズを翌日やることにして、1日中机に向かっていること
- 時間がないので地域の活動に関わらないこと

「経験する自己」は簡単にこう言います。「週末まではやる」「後で支払おう」「落ち着いたら運動を始めよう」――。「経験する自己」にとっては、即効性のある満足感が勝り続けるのです。そうして最終的にウェルビーイングは破綻してしまいます。

雇用主にとってこのような状況は望ましくありません。特に、企業文化がもたらすエネルギーやイノベーション、そしてアジリティの度合いを低下させるからです。先に述べたように、人々が生活全般で葛藤したり苦しんだりしていると、肉体的・精神的な健康問題を引き起こしやすく

なります。

「経験する自己」は敵になり得ます。しかし、**解決法**をもたらしてもくれます。「経験する自己」の多くは、関連性がはっきりしていれば、先ほど述べたような長期的な理想を実現するのに役に立てることができます。例えば、以下のようなものがあるでしょう。

- 毎日の仕事が自分の強みを活かせ、エンゲージメントが高まれば、瞬間的に抱く好奇心や楽しさも増え、ストレスが軽減される。
- 親しい友人との時間は、その時間の長さに関係なく、瞬間的な楽しさや幸福感を高めてくれる。
- 固定費の支払いを自動化すれば、日常的な経済的不安を軽減することができる。
- 運動をするとエンドルフィンが出て、すぐにエネルギーと気分が向上する。
- 地域社会への貢献は、「実りあることをした」「何かに影響を与えた」という実感を高める。

長期的な目標に合わせて、短期的な報酬を設定することも重要です。これには組織が一役買うことができます。どのような組織でも取り入れられる、生き生きした組織文化を築くための実践法は以下の通りです。

- **5つの要素を、科学的根拠に基づいた福利厚生やウェルビーイングプログラムを整えるのに活かす**——ウェルビーイングの取り組みを行う際には、5つの要素のうち少なくとも1つと連携させましょう。どのようにしたら「生き生き」につながるのか、逆に葛藤や苦痛を減らすのかを明確にし、社内に周知することも大切です。その際には、ウェルビーイングの5つの要素名もはっきりと明言しましょう。その方が従業員にとって、日常生活や生活全般を向上させるための全体図とその構成がわかりやすくなるでしょう。

● **ウェルビーイングに取り組む際にCEOから始めることが最も効果的だということを肝に命じる**――ウェルビーイングを向上させるのに効果的な方法はいろいろありますが、その1つはよい選択をしている人たちが周囲にいることです。人は、周りの人から感化されてウェルビーイングの習慣を取り入れることがよくあります。仲間同士やリーダーから学び合い、期待されることを実践できるようにしましょう。組織の中では、まずトップから始めましょう。組織文化の変革は、リーダーが発信した期待値とメッセージの結果起こります。例えば、見通しが明るい初期設定、つまり最初から利用可能な選択肢を提供し、従業員が自分のために なることを気軽に行えるようにします（例えば、健康的な社食、エクササイズやコミュニティ活動、財務管理、非公式な交流グループによる活動など）。ウェルビーイングの5つの要素は相互に影響を与え合っていることを忘れないでください。プログラムや実践内容は、5つの要素のうち2つ以上を組み合わせたときに最も効果的になります。

● **パフォーマンス・マネジメント（業績評価）の一環にウェルビーイングを入れるようにマネジャーに備えさせる**――従業員の評価項目に、「あなたのウェルビーイング」を必ず取り入れるべきです。また、従業員の個別開発プランには、ウェルビーイングの目標も入れるのが望ましいです。マネジャーは、従業員ひとりひとりの状況を最もよく知っている立場にあります。これは、マネジャーがファイナンシャル・アドバイザーやライフコーチの役割も果たすべきだということではありません。マネジャーが大切にすることは、あくまでもウェルビーイングに関する話をマネジメント業務や継続的な会話の中に組み込むべきだということです。その上で、従業員が個人的な目標を達成するのに役立つ情報を紹介できるようにしましょう。付録2「マネジャー・リソース・ガイド　ウェルビーイングの5つの要素」を参照してください。

●**ウェルビーイングコーチたちとのネットワークを築き、成功例や効果的な手法を共有する**——フィットネス・コーチ、ファイナンシャル・アドバイザー、栄養士、地域社会への奉仕やボランティアのまとめ役など、組織にはあらゆる専門家が必要です。最終目標は、従業員がほしい情報を手に入れ、必要なときに最適なアドバイスを受けられるようにすることです。参加のきっかけになるのは、仲間であることが一番多いのです。どの組織にも、人と人とをつなぎ、参加を促すことが得意なインフルエンサーがいます。あなたの組織のインフルエンサーを見つけ、活用しましょう。

●**実務と方針を監査する**——ほとんどの組織には、ウェルビーイングを向上させたり、生き生きした組織文化を生み出すのにつながる福利厚生や慣行がすでにあります。ギャラップはこれまで、多くの組織で定性的および定量的な監査を行い、どのような慣行や方針がウェルビーイングの向上をもたらすかを評価してきました。組織は、すべての福利厚生や慣行について、その有用性と影響について、説明責任を負うべきです。

ウェルビーイングを高める組織文化の促進要因を7つ考えてみましょう。

1　**ルールとガイドライン**＝5つの要素のそれぞれにおいて、ルールは生き生きする方に作用しているか、それとも反対に作用しているか

2　**コミュニケーション**＝発信しているメッセージ、特にリーダーやマネジャーからのメッセージは、高いパフォーマンスとウェルビーイングを生み出す組織文化と一致しているか

3　**設備**＝オフィス内は簡単に動き回ったり、外の景色を見たり、共同作業をしたりしやすいか

4　**インセンティブ**＝参加して結果を出したくなる活動はあるか

5　**承認**＝ウェルビーイングが成功したら、それを共有し、祝っているか

6　**イベント**＝ウェルビーイングの高い組織文化に対する従業員の認知度を高め、行動を変えるような内容か

7　**開発**＝能力開発プランの中に、ウェルビーイングの目標が含まれているか

自社の組織文化を査定する際は必ず、仕事のライフサイクルの各段階における従業員の経験（エンプロイー・エクスペリエンス）という視点から取り組んでください。それは、募集から採用、入社、エンゲージメント、パフォーマンス、育成、退職に至るすべての段階を含みます。

生き生きした組織文化を築くには、まずリーダーの賛同を得る必要があります。そして、従業

員の生活を向上させ、かつどんな組織でも無理のない範囲でできる実践法を採用しましょう。

しかしながら、生き生きした組織文化を生み出すためには、社内外にリスクがあります。次の章では、４つの大きなリスクについて話していきます。

組織文化の変革は、
リーダーが送った期待と
メッセージの結果生まれる。

第3章

生き生きした組織文化に潜むリスク

Risks to a Net Thriving Culture

4つのリスク

2020年、組織文化は歴史上稀にみる脅威にさらされました。それはまず、新型コロナウイルスのパンデミックから始まりました。人々の健康や生活に直接的な影響を与え、経済は崩壊し、雇用は失われ、働き方にも急激な変化がありました。この後、生き生きした従業員の数は記録的に減少し、一方で不安やストレス、うつ病の症状が記録的に急増しました。

2020年以前にも、取締役会、影響力のある協会、機関投資家、政府などを含むステークホルダーたちが求めているのは、株主の側だけを向くことではなく、**人や社会**に役立つ組織文化の醸成であるということが徐々に表面化してきていきました。期せずして2020年に起こった健康と経済の危機で、この文化的要件を満たすことの緊急性がますます増したのです。

しかし、人々の生活**と**パフォーマンスを向上させる、生き生きした組織文化を作り、活性化させるためには、従来のウェルネス・プログラムのやり方よりもはるかに多くのことが必要になってきます。

生き生きした組織文化を築く最初のステップは、以下の4つの大きなリスクを避けることです。

1 従業員のメンタルヘルス
2 明確さと目的の欠如
3 指針、プログラム、特典への過度の依存
4 スキルの浅いマネジャー

リスク1 従業員のメンタルヘルス

Risk #1: Employee Mental Health

すべての組織に必要なのは、従業員のメンタルヘルスに関心を払うことです。社会情勢が不安ないま、特に米国では必要です。

プリンストン大学の経済学者アン・ケースとノーベル賞受賞者でギャラップのシニア・サイエンティストであるアンガス・ディートンは、近著『絶望死のアメリカ』の中で、歴史上初めて、米国の平均寿命が3年連続で短くなっているという、驚くべき調査結果を発表しています。

この傾向の背景には、自殺、薬物過剰摂取、アルコール依存症による死亡が急増していることがあり、とりわけ主に45～54歳の労働者階級の間で顕著に現れています。また、この傾向は非ヒスパニック系白人に多く見られますが、数十年前にアフリカ系米国人の間で同じ傾向があり、その流れを追随していると言えます（自殺を除く）。この精神的苦痛の元となっているのは、ブルーカラーからホワイトカラー職への移行による経済的・社会的困窮です。学士号がより求められ、価値があるとみなされるようになったのです。

もちろん、話はもっと複雑です。

ケースとディートンは、こうした傾向は、社会において地位を失なったことと、経済的・社会的な将来への希望を失ったことに起因すると仮説を立てています。この年齢層と学歴層は、「自分がしていること」に対するプライドやアイデンティティを根本からぼろぼろにされてしまいました。そうして失ったプライドは、結婚や子育て、その他の社会活動を行う際にも、彼らの地域社会での地位にも、じわじわと影響していきます。彼らは、痛みを和らげるために簡単に手に入るオピオイドやアルコールなどの薬物に走ってしまい、ときには死に至るほど健康状態を悪化させてしまうのです。

他の研究も見てみましょう。

「English Longitudinal Study of Ageing」誌によると、人が主観的にとらえている自らの社会的地位は、心血管疾患、がん、および全死亡率と関連していることがわかりました。社会的地位が10点満点で1点低下すると、50歳から64歳の人の死亡リスクが24％上昇するのです。

さらに「Psychological Bulletin」誌に掲載された３００件の研究のメタ分析によると、慢性的なストレスは、ストレス以外の点では健康な患者の免疫反応を抑制させるという証拠が見つかりました。このほか「The Economic Journal」誌にも画期的な研究が掲載されました。失業期間が1年以上の長期にわたるということは、人生にとっては大きな出来事にあたり、5年以内には完全回復できないことが明らかになりました。この研究では、13万人の人々を数十年にわたって追跡調査し、結婚、離婚、出産、配偶者の死などの大きな出来事が、人生の満足度にどのように影響するかを調べています〔次ページのグラフ参照〕。

ウェルビーイングの影響

出来事の前後の年

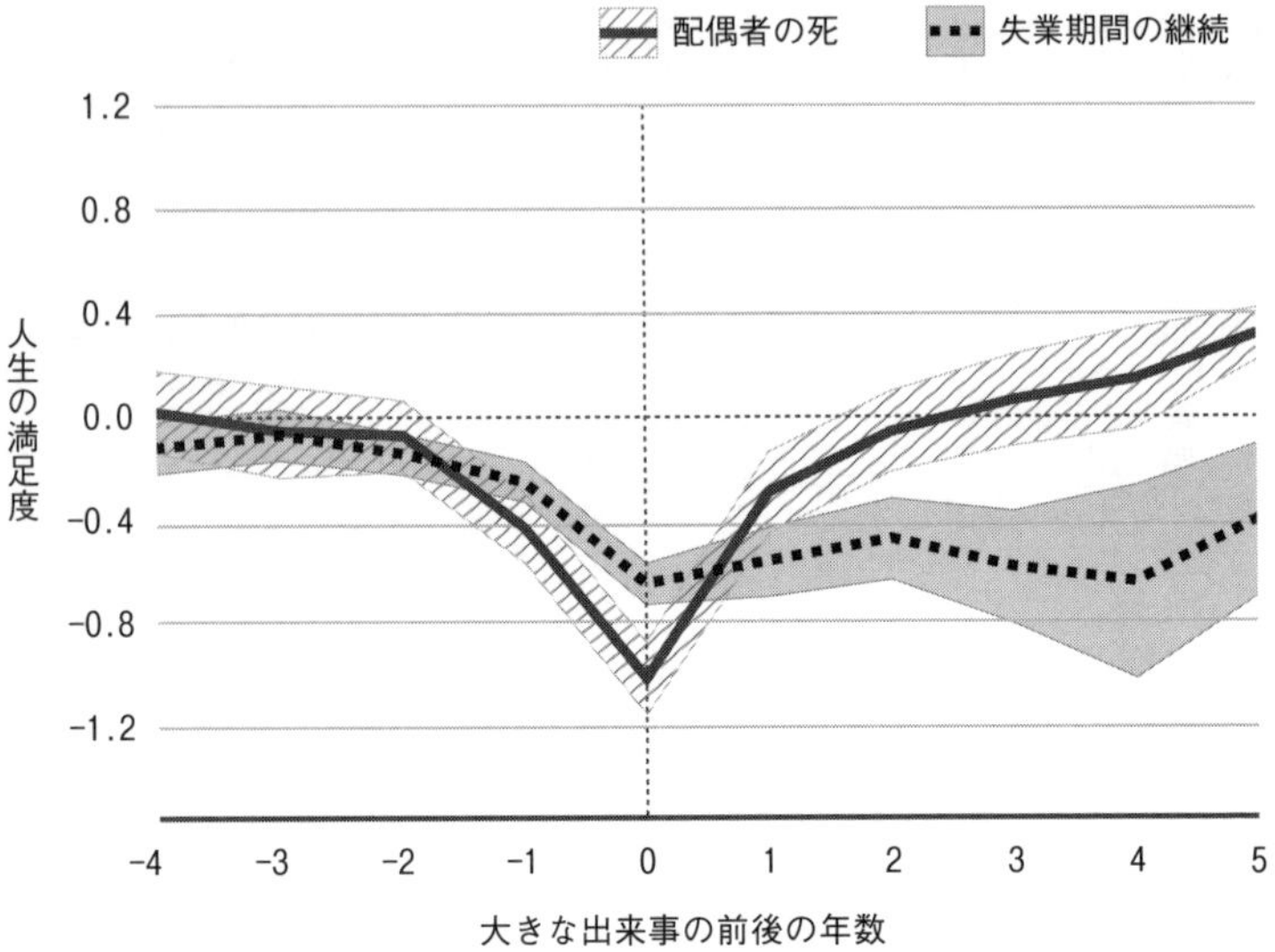

しかも、ウェルビーイングの回復は、失業期間が続いたときよりも、配偶者を亡くしたときの方が、早いこともわかりました。

もちろん、このようなメンタルヘルスの問題と戦っているのは、失業者だけではありません。仕事のある人も感情的な問題を抱えるリスクがあります。ドイツと米国でのギャラップ調査からは、ひどい上司を持つ人は、無職の人よりもウェルビーイングの状態が悪いということが判明しました。

ギャラップは、２００８年から２００９年の金融危機期に、過去にうつ病や不安神経症の診断を受けたことのない９５６１人の被雇用主を対象に、うつ病や不安神経症の新たな発生率を調査しました。年齢、配偶者の有無、収入、学歴、性別の要素を統制した上で、２００８年に仕事に「まったくエンゲージしていなかった従業員」が、

２００９年に新たにうつ病（２・１倍）と不安症（１・７倍）を訴えた確率は、仕事に「エンゲージしている従業員」の約2倍にものぼることがわかりました。

これは世界的な問題になっています。例えば、日本の労働者の間でストレスや自殺率が増加していることを受けて、日本政府は雇用主に対して従業員個別にストレスチェックを実施することを義務付けました。ギャラップでも日本の労働者２４４２人を対象に調査したところ、週60時間以上働く若年層で未婚の従業員のストレスが特に高いことがわかりました。また、仕事に「まったくエンゲージしていない従業員」は、仕事に「エンゲージしている従業員」の３・８倍も高いストレスを抱えていました。さらに、最も高いストレスを抱えていたのは、仕事にまったくエンゲージしておらず、ウェルビーイングが「苦しんでいる」状態の人だったのです。

２０２０年を通して行われたギャラップの調査によると、米国では新型コロナウイルスの発生に伴って、従業員の不安やストレスが記録的に増加したほかに、ジョージ・フロイドの殺害とそれに続く社会的混乱に伴った怒りや悲しみが記録的に増加しました。また、特に失業者や在宅勤務者の間で、うつ病と診断される割合が年間を通じて増加し続けました。米国国勢調査局によると、不安障害または抑うつ障害、あるいはその両方の症状を訴える米国人の割合は、２０１９年の推計値と比較して、3倍以上になったのです。

特に、２０２０年3月から7月にかけて、前日に感じた気分を調査したところ、「多くのストレス」を感じたと答えた人の割合は、54～65％、「悲しみ」は21～36％、「心配」43～61％、「怒り」20～40％、「退屈」29～46％、「寂しさ」18～26％、「不安」35～42％となっています。しかしこのような厳しい状況下でも、「仕事にエンゲージしている従業員」は、ネガティブな感情の報告が大幅に少ないことがわかりました。

ドイツと米国でのギャラップ調査から、ひどい上司を持つ人は、無職の人よりもウェルビーイングの状態が悪いということが判明した。

2006年から2017年にかけてギャラップでは、米国の労働者3万6912人の退社率を追跡調査しました。定年退職により仕事を辞めた人を除いて、人種、年齢、性別、収入、学歴、身体的苦痛、処方された鎮痛剤、不安、うつ病診断歴、職種、地域、勤続年数、生活に対する評価、仕事へのエンゲージ度（すべて退社前）など、多くの変数を調べた結果、翌年の退社を予測する要因は、「勤続年数」と「仕事へエンゲージしていないこと」であることがわかりました。

もちろん、ケースやディートンが詳しく説明しているように、離職に大きく関係する要因はたくさんあります。しかし、そのきっかけとなったのは、**長期間にわたって悪い仕事に就いていたこと**が組み合わさっているからのようなのです。

この一連の研究からは、生き生き暮らす上で、キャリアのウェルビーイングがいかに重要な役割を果たしているかも改めてわかります。キャリア・ウェルビーイングは、人間関係、経済、健康、地域社会での地位など、従業員の生活のあらゆる側面に関係します。

多くの企業が従業員のメンタルヘルスに関心を示しています。しかし特に現在のように警戒すべき潮流の中では、従業員支援プログラムに参加させることだけが解決策ではないでしょう。それは事後的な対応にしか過ぎません。情緒的な健康問題には、素因も含めてさまざまな原因があります。しかし、その中でも**職場の質はリーダーがコントロールできる**要素の1つだということを忘れてはいけません。

Risk #2: Lack of Clarity and Purpose

リスク2 明確さと目的の欠如

多くの組織のリーダーたちは、この2つ目のリスクに陥らないようすでに手は打ったと思っています。会社の価値観は明文化され、社訓や経営理念、さらには組織の未来へのビジョンまで明確にされています。しかし、おそらくご存知だと思いますが、こうした理想を書いて伝えるだけでは、組織全体の活性化にはつながらないのです。実際に米国の従業員のうち、「自分の会社の経営陣は、明確な方向性を持っている」ことに強く同意する人は22％しかいません。ギャラップが2020年にフランス、ドイツ、スペイン、そして英国で行った調査においても、この項目に強く同意した労働者の割合は低い傾向にありました。しっかりした組織文化がなければ、どんなによい試みをしても失敗に終わりかねません。

企業の有機的な成長には、強い組織文化が絶対に必要です。全米取締役協会（NACD）のブルーリボン委員会はこう言っています。「組織文化は、組織の資産としてとらえるべきである。人的、物的、知的、技術的、その他の資産と同じなのだ」。

取締役会とガバナンス委員会には、CEOと同じくらい強い組織文化を生み出す責任があります。組織の長期的な成功は取締役会に帰属するからです。しかし、今日において、組織文化に関する議論が取締役会に持ち込まれるのは、問題や危機が発生したときだけが常です。

米国の従業員のうち、「自分の会社の経営陣は、明確な方向性を持っている」ことに強く同意する人は22%しかいない。

しかし #MeToo 運動や人種差別問題に関する最近の事件や不正、コンプライアンス違反に対する意識の高まりによって、組織文化に注目が集まる機会が増えています。従業員皆が知っていることを取締役会が知るのは、たいていの場合、最後であることが明らかになったのです。

ギャラップは先日、米国の大企業110社が公開している価値観に関する内容を調査しましたが、その内容は驚くほど似通っていました。内容分析の結果、企業が頻繁に掲げる価値には、「誠実さと正直さ」「尊敬」「ダイバーシティ&インクルージョン」「顧客中心主義」「コラボレーション」「イノベーション」などがありました。このような善意に溢れた価値観には誰もが共鳴するはずです。

それなのに、自社の価値観を強く信じている従業員は27%しかいないのです。

さらに詳しく知るために、私たちは、経営陣と従業員から無作為に抽出したサンプルに、組織の目的を表す言葉やフレーズを尋ねました。経営陣は、「サービス」「顧客」「品質」「コミュニティ」「人」などの言葉を使う傾向がありました。一方で従業員は、自分の職能を表す言葉、つまり「販売」「教える」「ヘルスケア」などを使う傾向がありました。リーダーの目指す目的は、現場の第一線に届いていないのです。

そもそも、一般の労働人口において、「自分の組織が何を支持しているのか、何が競合他社との違いを生み出しているのかを知っている」という項目に強く同意した従業員は41％しかいません。

組織の価値観《バリュー》やミッション、ビジョンなどのメッセージを伝えても、なぜ従業員の心に響かないのでしょうか。その答えを一言で言うなら、「信頼」です。

ギャラップが持つグローバルデータベース中で、「自社のリーダーシップ（経営層）を信頼している」という項目に強く同意している従業員は3人に1人しかいません。リーダーシップへの信頼度は組織によって大きく異なり、10人中7人という組織から、10人中1人という場合もあります。リーダーシップを信頼している従業員は、自分の組織が何を支持しているかを明確に述べ、組織の価値観を信じている傾向が倍になります。また、会社が自分のウェルビーイングを気遣ってくれていると回答する割合も高くなっています。

成功する組織では、リーダーシップに対する信頼が広がっています。この2つのタイプの組織文化がもたらす結果を考えてみましょう。

●高い信頼――リーダーシップを信頼している従業員は、1年後にもこの会社で働くと答える可能性が2倍になります。信頼度の高い組織は、従業員の定着率が高いだけでなく、新たな取り組みが迅速に行われるという点でも非常に大きなメリットがあります。また、こうした組織では、意思決定やコミュニケーションにおいて周期的にミスが発生したとしても、従業員はリーダーを信頼しています。

●**低い信頼**――従業員がリーダーシップを信頼していないと、転職に向けて行動を起こします。そのため、仕事上やらなければならないことを無視したり、中途半端にこなしたりします。新しい戦略を成功させることや、新しい顧客のための取り組みを行うことには関心がありません。彼らにとってはまるで重要ではありません。なぜなら、彼らはすでに精神的に退職しているからです。

ソーシャルメディアが発達した現代では、組織内で起こったことはすぐに外に拡散していきます。これは、会社の採用ブランドや、優秀な人材を惹きつける力に影響します。信頼できないリーダーがいる会社に、誰が入社して、残ってベストを尽くしたいと思うでしょうか。また、従業員が常に疑念を抱くリーダーから発信された社訓や経営理念やビジョン、組織の価値観を、誰が気に留めたり、本物だと認めるでしょうか。

そもそも、人々がリーダーを信頼する理由は何なのでしょうか。ギャラップのワークプレイス・アナリティクス・チームが、職場チームのデータベース400万件をより深く分析した結果、次のことがわかりました。「組織のリーダーをどのように認識しているか」を調べると、チーム単位でその認識度には幅がありますが、標準的な組織内とすべての組織では、ばらつきの幅はほぼ同じなのです。同じリーダーを持っているにもかかわらず、チームによってそのリーダーに対する認識がまったく異なります。つまり同じ会社内で、大きく異なる認識をされているのです。

大企業の経営陣が苦労するのは、共通の組織文化が存在しないことです。有名企業でもそうです。全従業員を共通の目的に向かって一致団結させるために作られた、崇高な経営理念があったとしてもそうなのです。

同じ組織内のチームの間で起こる、組織リーダーに対する認識の違いのほとんどは、各チームが現場第一線のマネジャーをどのように認識しているかによって決まります。もちろん、経営トップの一貫性、明確性、倫理観の影響も大きいです。しかし、大規模な組織では、経営トップがひとりひとりの従業員に直接影響を与えることはほとんどありません。

ギャラップが従業員に自社の組織文化を表す言葉を尋ねたところ、エンゲージメントの高い従業員は**「フレンドリー」「サポート」「コラボレーション」「誠実」**などの言葉を使いました。一方、エンゲージしていない従業員は、**「怠け者」「秩序だっていない」「遅い」**などの言葉を使っていました。

ギャラップが書籍『ザ・マネジャー——人の力を最大化する組織をつくる』の中で強調しているように、経営陣のリーダーの成功は、その評判が、親しい人を超えて広がるかどうかにかかっています。成功する組織には波及効果があります。リーダーの評判がマネジャーに伝わり、それが最前線の現場に伝わります。信頼はこのような流れで広がりますが、もちろん放っておいても生まれるものではありません。

では、最終的に組織のすべての階層において信頼を醸成するのは誰でしょうか。**それは、マネジャーです。**経営層の評判は、マネジャーの日々の経験を通じて、従業員に浸透していきます。**残念ながら、マネジャーが報告するストレスと燃え尽き症候群の割合は、部下よりも高い傾向にあります。**そして、マネジャーが生き生きとしていなければ、組織全体に生き生きした文化が育まれることはありません。

つまり、ほとんどの組織には共通の文化はありませんが、組織が優れたマネジャーを育て、彼らに特別な経験をさせれば、共通の**文化が醸成できる**ということです。

組織文化に「明確さ」と「目的」を高めるには、次の基本的な要件を満たす必要があります。

1 **組織の目的とブランドを明確にする**——これからの職場では、「採用ブランド」がこれまで以上に重要になります。新しい時代の労働力は、雇用主が単に仕事を提供するだけでなく、彼らの生活全体を向上させてくれることを期待しているのです。もし、あなたの組織が生き生きした組織文化を持つことを優先的に目指しているならば、CEOや執行役員から始めましょう。また、最初に信念とミッションを表明することです。「従業員全員が、5つのウェルビーイング要素すべてにおいて、生活を向上させる機会を持つ。そうすれば、組織は顧客や社会により大きな影響を与えることができる」。しかし、もし給与や役得、アカウンタビリティが持てないなど、役員や株主ばかりを優遇するような兆候があれば、

従業員はその表明された目的を信頼しなくなるでしょう。

2　**必ずマネジャーが生き生きとしている**——調査結果からは、波及効果が読み取れます。マネジャーのウェルビーイングが「生き生き」していると、その直属の部下もウェルビーイングも「生き生き」する可能性が15%高くなります。しかし、ほとんどのマネジャーが高いレベルのストレスと燃え尽き症候群を報告しています。彼らは、組織の決定と、その現場への導入の間で挟まれることが多いのです。そもそも勤続年数が長かったり、個人での成績がよかったからといった理由で管理職になった人が多いはずです。しかし、こうした基準では、人をマネジメントするという難解な仕事に対処する能力は自然に身についていません。ウェルビーイングを活性化するには、従業員が仕事に意欲が湧き、満ち足りるように伴走してくれるコーチが必要です。

3　**マネジャーをコーチへ育てる**——従来のような指揮統制型の、上位下達に指示を出す「ボス」の文化では、マネジャーも従業員も生き生きすることはなくなります。一緒に行う目標設定、継続的なフィードバック、アカウンタビリティなどのコーチングスキルをマネジャーが学べば、従業員との間に深い信頼関係を築くことができます。これが大事なのは、ときにデリケートな話題を含む、ウェルビーイングの会話をするための、心を開くきっかけになるからです。この会話をするためには、深い信頼関係が必要なのです。

もし、指針やプログラム、特典を通じて
組織文化を法制化することが可能であれば、
ほとんどの組織は文化の問題を抱えることはないだろう。

リスク3　指針やプログラム、特典への過度の依存

Risk #3: Overreliance on Policies, Programs and Perks

仕事の進め方に関する基準やガイドラインなどの指針は、すべての組織に必要です。指針の中には、人々の安全を守るためのもの、差別やハラスメントから守るためのもの、訴訟を減らすためのもの、さらには従業員のウェルビーイングを向上させるためのものなどがあります。プログラムは、組織の規範を従業員に教えたり、スキルやコンプライアンスを向上させる目的で設計されます。特典は、ウェルビーイングを高めるため、優秀な人材の応募を増やすため、あるいは従業員の離職を防ぐために提供されます。しかし、組織のリーダーの中には、善意から、これらを、充実度を向上させるための解決策と誤認している人がいます。

もし、指針やプログラム、特典を通じて組織文化を法制化することが可能であれば、ほとんどの組織は文化の問題を抱えることはないでしょう。

組織が指針やプログラムを設計するということは、何に価値を置き、どのような組織文化なのかというメッセージを送ることになるのです。

ここでは、いくつかの調査結果をご紹介します。

在宅勤務――新型コロナウイルスが発生する前の従業員の構成をもとに、経済学者は、「2分の1から3分の2以上の仕事が自宅ではできない」と推定しています。そして、在宅勤務が**可能**な従業員のうち、パンデミック期間中、約半数が自宅から仕事をすることを新たに希望し、また管理職の58％が「より多くのリモートワークを許可する」と回答しています。

私たちの調査によると、ハイブリッドな仕事（勤務時間の一部は自宅で仕事をし、残りは現場で仕事をするというスタイル）をしている従業員のエンゲージメントが最も高いという結果が出ています。リモートワークは自由もありますが、同時にマネジメントに難しい課題ももたらします。ほとんどずっと在宅勤務の人は、一部の時間を自宅で仕事をしている人に比べて、「上司から有意義なフィードバックを受けている」と回答する率がずっと低くなります。2020年のパンデミック時にほぼ常時自宅で仕事をしていた人からは、より高い燃え尽き度が報告されています。ギャラップは、マネジメントの質がエンゲージメントと生産性に与える影響は、控えめに見積もっても、リモートワーク指針が生産性に与える影響の2倍から3倍であると推定しています。

労働時間――労働時間の指針に関しては、さまざまな方法が考案され、実施されています。週4日制の実験や、会社として週末勤務を禁止すること、さらには労働時間を週35時間に制限する国の法律まであります。これらにはさまざまな背景がありますが、「労働時間を制限しなければ、仕事と生活のバランスがとれない」という暗黙の前提のもとで制定されているのが共通しています。

ギャラップは、世界7地域で労働人口を分析しました。その結果、仕事への満足度が低く、自分の得意なことをする機会がないと感じている人にとって、労働時間を増やすことは、生活評価や日々の経験の低下につながることがわかりました。しかし、仕事への満足度が高く、毎日自分の得意な仕事をする機会がある従業員では、その結果は大きく異なります。たとえ1日の労働時間が5時間から10時間になっても、日々の経験や生活評価は大きく低下しませんでした。

「仕事に関する従業員としての経験の質」がその人のウェルビーイング全体に与える影響は、「働いている時間の長さ」に比べて3倍にもなります。

携帯の使用――モバイルテクノロジーの利用が大幅に増加していることから、一部の組織では、従業員に従来の勤務時間外にも個人の携帯機器を仕事で使うことを当然のように求めています。「通常の勤務時間外に個人所有の携帯機器を仕事で使うことを期待されている」と答えた人は、そうでない人よりもストレスを感じていました。しかし、エンゲージメントの高い従業員は、同じことを期待されていたにもかかわらず、ストレスレベルは勤務時間外に個人のデバイスを仕事で使うことを求められていない従業員と同じくらいだったのです。高いエンゲージメントは、ストレスを緩和することがわかります。

休暇――人は休暇の日数や週数を増やすために在職期間を積み上げます。休暇は組織にとって重要な役割を果たします。1人への仕事の依存度を下げ、従業員を仕事から解放します。休暇は主に、全般的なウェルビーイングの向上を目的としています。実際に、休暇を多く取れる人ほど、収入などの他の要因を考慮しても、ウェルビーイングが高いと報告されています。

「仕事に関する従業員としての経験の質」がその人のウェルビーイング全体に与える影響は、「働いている時間の長さ」に比べて3倍にもなる。

しかし、エンゲージメントが高くて休暇が1週間未満の従業員と、6週間以上の休暇があってもまったくエンゲージしていない従業員を比べると、前者の方がウェルビーイングは25%も高くなっています。エンゲージする、つまり熱意と愛着を持てる仕事をすることは、休暇の週数の5倍もウェルビーイングに影響を与えるのです。

ダイバーシティ&インクルージョン研修――組織内の不公平感（主に採用、役員の後任選定、人種や性別に起因する処遇面での格差に関するもの）に対応するための、アンコンシャス・バイアス（無意識の偏見）に関するトレーニングなど、さまざまなコースが開発されています。これらのプログラムの影響については、メタ分析によって検討され、さまざまな結果が示唆されています。実際、これらのトレーニングが意識を高めるという証拠はあるものの、**行動の変化をもたらすという明確な証拠はありません**。また、この種のプログラムの多くは、1日限りのものであり、マネジャーや役員向けの継続的な教育に組み込まれていないのです。

多くの場合、差別やハラスメントの認識には、マネジメントの質を反映した組織文化が背景にあります。例えば、「職場で敬意を持って扱われているか」という質問に対して、同意しない、あるいはまったく同意しない従業員の存在は、組織内に深刻な問題があることを警告しています。彼らの90％は、「職場で何らかの差別やハラスメントを経験したことがある」と答えています。

ギャラップの調査によると、包摂的《インクルーシブ》な組織文化を実現するためには、従業員は以下の3つの基本的な条件を必要としています。

- 職場で私は敬意を持って扱われている
- 私の強みが大事にされている
- 「リーダーは正しいことをする」と確信している

倫理・コンプライアンス研修――倫理・コンプライアンス研修は通常、当然ながら、政府や法律の基準に則って求められます。正しい行いは、ビジネス上当然のことです。企業には毎年何十億ドルの訴訟費用がかかっています。しかも、その額は年々大幅に増加の一途をたどっています。

倫理やコンプライアンスの問題は、安全や信頼、生産性、法律、組織文化、ブランドに関わる問題にも直結し得ます。米国の従業員の約5人に1人は、「私が倫理や誠実さについて懸念を表明したら、雇用主は正しいことをする」とは思わない、またはまったく思わないと答えています。しかしこの数字は、従業員がエンゲージしている場合には2％にまで減少します。

さらに、ギャラップは1万3583人の回答者に、最近、「倫理・コンプライアンス研修」を受けたかどうかを尋ねました。その結果、60％の人が「参加した」と答えましたが、研修内容を

「すばらしい」と評価した人は23％にとどまりました。

ウェルネス・プログラム――過去10年以上にわたり、多くの雇用主がウェルネス・プログラムを導入してきました。これは、雇用主が従業員の不健康な行動抑制に貢献できると認識し始めたからです。不健康な行動は慢性疾患を引き起こす可能性が高く、コストにもつながります。ランド・コーポレーションの調査によると、従業員数１０００人以上の米国企業では、85％から91％が何らかのウェルネス・プログラムを提供している見込みです。これらの企業は純粋に、従業員がより健康的な生活を送ることができるように、そしてより健康的な最終利益を得たいと思っていると考えてよいでしょう。

しかし、単にウェルネス・プログラムを提供するだけでは、それがどんなに善意に基づくものであっても、従業員のウェルビーイングの改善につながる保証はありません。何よりもまず従業員がそのプログラムがあることを認識し、そしてそれを利用することを後押しされなければならないのです。私たちの調査によると、大企業の85％以上がウェルネス・プログラムを提供しているにもかかわらず、会社がウェルネス・プログラムを提供していることを知っている米国の従業員は60％に過ぎません。また、プログラムを知っている人のうち、実際に参加していると答えたのは40％に過ぎませんでした。また、ウェルネス・プログラムを提供している企業全体で見ても、参加している従業員はわずか24％にとどまっています。その中でも、エンゲージしている従業員は、平均的な従業員に比べて、会社が提供しているウェルネス・プログラムに参加する確率が28％も高くなっています。

ウェルネス・プログラムの有効性に関する文献調査では、その効果についての評価は入り混じった結果が出ています。プログラムの質や微妙な差異、そして重要なのは、根底にある組織文化によって効果は大きく左右されるからです。

卓球台や豪華なラテマシン——無料のランチや職場にペットを連れて行ける日などの「特典」は、多くの従業員にとって楽しいものです。同僚と卓球をすることも、確かに社交的なつながりをもたらし、エンゲージメントにとって重要なことでしょう。しかし、これらの特典は、これからの労働力にとって、実は最優先事項ではありません。実際のところ、ミレニアル世代を対象に行った調査では、雇用主を選ぶ際に最も重要な要素は「学び、成長する機会」がトップになりました。

単にウェルネス・プログラムを提供するだけでは、どんなに善意に基づくものであっても、従業員のウェルビーイングの改善につながる保証はない。

リスク4　スキルの浅いマネジャー

4つのリスクのうち、最大のリスクとなり得るのが、スキルの浅いマネジャーの存在です。マネジャーは、従業員のエンゲージメントとパフォーマンスを左右する、唯一であり最大の要素です。マネジャーは、日常的な変化や脅威の中、組織を舵取りするのに最適な立場にいます。また、従業員の日々の生活に最も近いところにいるため、**すべてのこと**を明確にするのにも最適な立場にあります。

有意義なフィードバックを頻繁に行うマネジャーの下にいる従業員は、そうでないマネジャーに比べて、エンゲージメントが高くなる傾向があります。勤務時間の80％から100％をリモートで働く従業員にとって、定期的に有意義なフィードバックがあることのメリットは、オフィスで働く従業員よりもさらに大きくなります。自律性と有意義なフィードバックの組み合わせは、最大の効果を生み出す魔法の方程式なのです。しかし、スキルの浅いマネジャーは、定期的に価値のあるフィードバックを行うことができません。

完全にリモートであるチームでも、うまくマネジメントされていれば、対面でのチームを大幅

フィードバックの頻度は、リモートで働く従業員をエンゲージするカギである

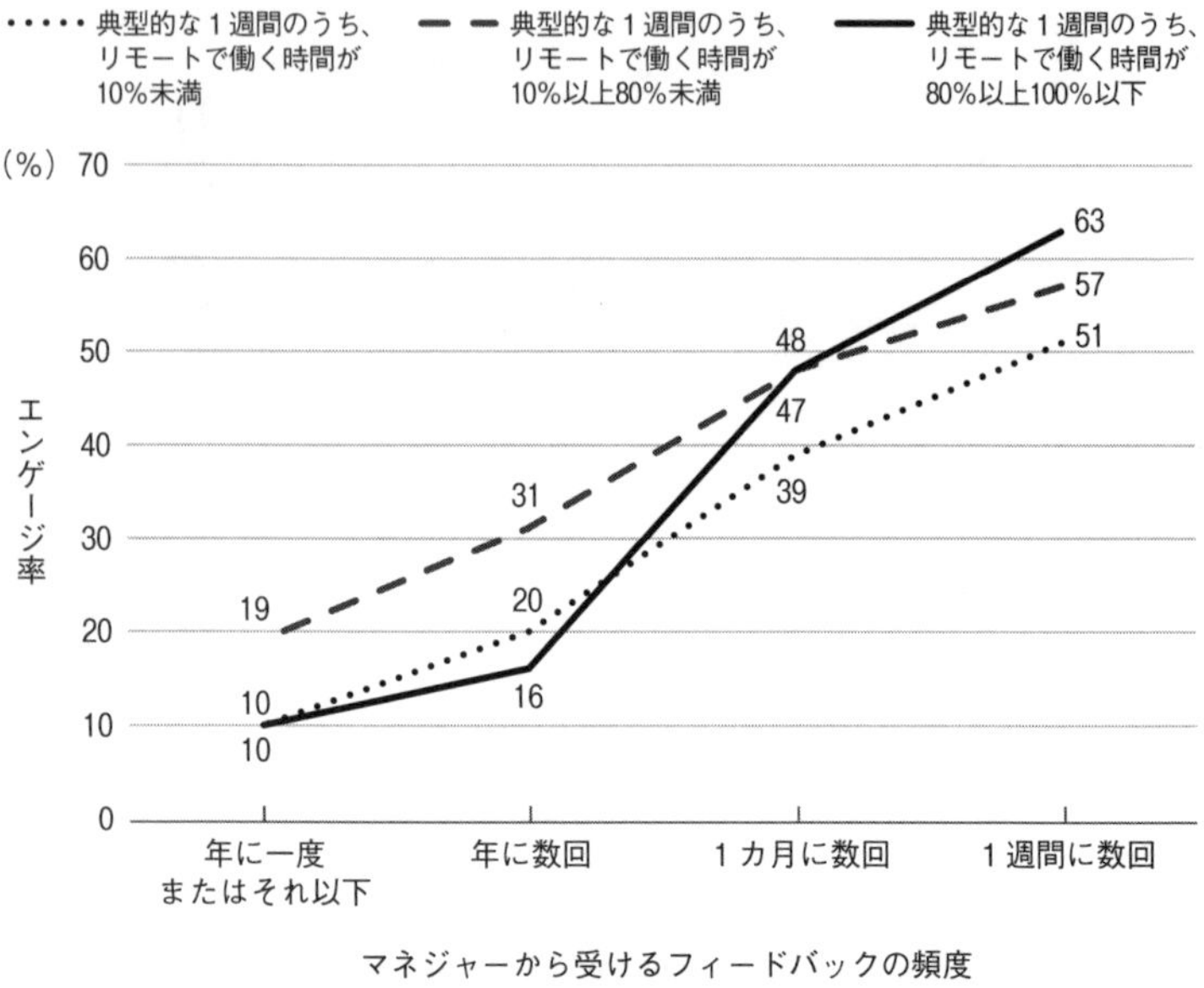

出所：ギャラップ調査2019（コロナ禍以前）

に上回ることができる――この発見の意義は、何度述べても強調しすぎることはないでしょう。

週に一度、ひとりひとりの従業員に有意義なフィードバックをすることは、熟練したマネジャーの基本的な要件なのです。

しかし、有意義なフィードバックを定期的に行うとは、どういうことなのでしょうか。まず、フィードバックは上司から従業員へ一方通行のものだけではないことを認識する必要があります。上司がフィードバックを始めることが一般的ですが、従業員もフィードバックを求めるべきだという期待値も設定しましょう。実際には、後者の方が最も気まずくないアプロ

ーチであることが多いのです。

フィードバックは、車が忙しく行き交う対面通行の道路だと考えてください。

有意義なフィードバックの特徴は、第一に受け取る相手に合わせて調整されていることです。そのためには、マネジャーが各個人、各個人の目標、そして各個人の強みについて、基本的な知識と理解を持っている必要があります。第二は、適時性、つまりタイムリーであることです。従来の年次面談の問題点は、フィードバックまでに数カ月と時間がかかりすぎたことです。継続的な会話と継続的なフィードバックを行っていれば、従業員にとっても組織にとっても、より適切でタイムリーにできます。

有意義なフィードバックが目的としている結果は、単なる修正やアドバイスを与えることではありません。相手がそれに感化されて、意欲が湧いてくることです。スキルの浅いマネジャーはこれを理解していません。意欲がかきたてられる会話をすることで、従業員とマネジャーの間にエンゲージメントと信頼が生まれます。そうなると、より透明性の高い会話ができるようになります。

私たちの調査によれば、従業員のエンゲージメントとウェルビーイングには明確な関連があり、マネジャーはこの2つをつなぐ役割を果たしています。エンゲージしている従業員は、まったくエンゲージしていない従業員と比べると、ウェルビーイングについて上司と話し合うことは「非常に楽にできる」または「やや楽にできる」と答える割合が2倍以上になっています。

週に一度、ひとりひとりの従業員に有意義なフィードバックをすることは、熟練したマネジャーの基本的な要件となる。

しかし、今日の職場はより複雑になっています。それに対応するスキルが浅いマネジャーでは、エンゲージメントもウェルビーイングも生み出せません。

私たちが特定した、生き生きとした組織文化を阻害するすべてのリスク（メンタルヘルスの問題から、目的の明確さ、指針、プログラム、特典まで）において、証拠は明らかです。豊かなウェルビーイングと全体的なメンタルヘルスの基礎となるのはエンゲージした職場です。そしてその職場づくりを主導するのは、**マネジャー**なのです。

危機時のレジリエンスの高い組織文化

生き生きした組織文化を築くことを阻む重大な4つのリスク要因やその他の組織にとっての脅威。これらは、経済危機やパンデミックなどの社会的・世界的な危機の際にさらに大きくなります。

特に、2020年に始まったこれまでにない危機においては、その傾向が顕著でした。新型コロナウイルスに対する従業員の不安、経済の破綻、失業、学校閉鎖、職場の混乱、社会的孤立、社会不安。これらが重なった結果、多くの人が経験したことのないような最悪の状況となりました。組織や従業員が生き生きとするためには、並外れた回復力が必要とされたのです。

では、危機的状況や大きな混乱の中では、どうすれば従業員を導き、意欲をかき立てられるのでしょうか。その最大の差別化要因となるのが「レジリエンス」です。

査読付きの組織学会誌「Human Performance」に、ギャラップが6万2965の事業単位とチームを対象に行った2020年のメタ分析が掲載されています。これによれば、仕事に対する前向きな姿勢が組織の成果とより強い関係が見られるのは、通常時や好況時よりも景気が悪いときだということがわかっています。この研究では、二度の経済危機（2001〜2002年と2008〜2009年）を含む1990年代半ばから2015年までの間を対象とし、主要な文化的属性が、収益性、生産性、顧客のサービスに対する認識、従業員の離職率をどのように予測したかを調査したものでした。

景気がよいときでも、新たな脅威は次々と起こります。しかし、ウェルビーイングとレジリエンスの高い組織文化を築いていれば、よいときも悪いときも成功をつかむことができます。また、同業他社と比較しても、**ウェルビーイングとレジリエンスの高い文化は、優れたパフォーマンスを上げているのです**。

ギャラップのアナリストは、私たちのデータベースを深く見直し、長期的な単位で、このような成果をもたらす要因は何かを検証しました。2020年は従業員エンゲージメントが一時的に変化しましたが、過去のパンデミック（西ナイルウイルス、SARS、ジカウイルス、鳥インフルエンザなど）、二度の大不況、そして9・11同時多発テロを経ても、エンゲージしている従業員の割合は驚くほど安定していることがわかりました。そして従業員エンゲージメントは、ほぼ完全に、組織が実践することに呼応して変化することがわかりました。例えば、執行役員層の関与、マネジャーの教育、コミュニケーション、アカウンタビリティなどの実践です。新型コロナウイルスのパンデミック下では、従業員エンゲージメントは一時的に最高値に達しました。

2020年にギャラップが行ったメタ分析によると、危機のときにはエンゲージメントとパフォーマンスの関係に変化が見られることがわかりました。実際、過去二度の大不況時には、好景気時よりもエンゲージメントが**より**重要になったことが証明されています。

従業員エンゲージメントが高ければ、事業単位は他と比べて優位に立ち、よりレジリエンスも高くなります。一方、従業員エンゲージメントが低いと、他に比べて不利になり、レジリエンスも悪くなります。

ウェルビーイングとレジリエンスの高い組織文化を築いていれば、よいときも悪いときも成功をつかむことができる。

危機においてフォロワーに必要なもの

ギャラップの調査によると、フォロワー、つまりリーダーについていく人は、リーダーに対して4つのニーズを持っています。これは、特に危機のときに強くなります。人々は、自分の生活が大丈夫であるという手がかりを求めて、これらのリーダーシップ特性を必要としています。

- 希望＝将来に関して明確な計画はあるか？
- 安心感（安定）＝自分が仕事をするために十分な態勢が整えられているか？
- 信頼＝上司は自分に情報を伝えてくれているか？
- 思いやり＝組織は自分のウェルビーイングを気遣ってくれているか？

希望

危機に際して人間が自ずと取りうる方向性は、2つあります。1つは、「恐怖、無力感、被害者意識」、もう1つは「自己実現、エンゲージメント」です。

希望は、リーダーシップ、つまり組織の経営陣が、危機に対する明確な行動計画を伝えることから始まります。

パンデミック下の2020年、ギャラップのグローバルデータベースでは、「経営陣は明確な行動計画を伝えた」という質問に強く同意した従業員の割合は、組織により10人中4人から9人まで幅がありました。これは最も基本的なリーダーシップ要件ですが、組織がどのくらいそれをうまくやっているかには、大きな幅があったのです。

危機のときこそ、人々は自分と自分の仕事が全体像の中でどのよう位置付けられるか、きちんと知る必要があります。自分の仕事が、顧客やミッション、目的、そして組織の将来にどのような影響を与えるのか、わかる必要があるのです。人間というものは、驚くほどレジリエンス、つまり回復力があります。リーダーが明確な方向性を示すことができると、信用や支持率が急上昇、急回復する効果が確認されています。

明確なことは1つ。従業員は、経営陣に危機管理の計画を期待しています。前に進む道があるという自信を持たせてくれることを期待しているのです。

安心感（安定）

人々は混乱に適応するために、基本的なニーズに立ち返ります。仕事をするための態勢が整えられていると感じたいのです。

2020年のグローバルデータベースに登録されている組織すべてのうち、「仕事の上で十分な態勢が整えられている」と強く感じている従業員の割合は、30%から80%の幅がありました。

ストレスの高い時期にこそ、マネジャーは基本に立ち返らなければいけません。それは、部下の期待値を明確にし、設備やリソースの必要性を見直し、役割を再調整することです。人々が新しいやり方で、自分の力を発揮できるようにしましょう。

そうした大変な時期に従業員がマネジャーに求めているのは、優先順位を見直し、目標を再設定するのに自分も関わらせてくれること。そして、自分の役割を、かつそれが同僚の役割とどう関連しているのかを、常に明確にしてくれることです。

従業員が仕事をやり遂げるためにどのようなリソースが必要なのか。危機時には、それを継続的に話し合うことが、ストレスを最小限に抑え、レジリエンスを生み出すためにとても大切なのです。

信頼

どんな危機においても、タイムリーに情報を得られることは重要です。そうでないと、人々は「誰かが何かを隠している」と思い始めます。たとえその情報がどんなにネガティブなものであっても、即時に伝達されないことで信頼は失われ、心は防衛本能に乗っ取られます。そして、ストレス、恐怖、怒りが生まれます。

上司やマネジャーは、危機に対する組織の対応を、従業員ひとりひとりに伝える、送電線のように重要な役割を担っているのです。そして、直属のマネジャーだけが、各従業員の状況をしっかり把握し、彼らに情報を提供し、それに応じて期待値を調整するという役目を果たすことができるのです。

危機に際して人間が自ずと取りうる方向性は、2つ。1つは、「恐怖、無力感、被害者意識」、もう1つは「自己実現、エンゲージメント」である。

「上司は自分に情報を伝えてくれる」という質問に強く同意する従業員の割合は、2020年は組織によってかなりの幅があり、約40%から90%でした。

危機の際、従業員に最新情報をうまく伝え、自分のチームと組織内の他のチームをつなぎ、レジリエンスを最大限に高める。そんなエンゲージした才能溢れるマネジャーが必要です。レジリエンスとウェルビーイングの高い組織は、どのように最高のマネジャーを継続的に見出して能力開発をしたらいいか、きちんと計画を持っています。彼らは、危機時にはボスよりもコーチが必要であることを知っているのです。

思いやり

新型コロナウイルスが発生する前は、仕事と生活の境目はかつてないほどうまく「ブレンド」されていました。しかし、2020年3月に突然、何百万人もの人々が自宅で仕事をしなければならなくなりました。そして自宅には学校へ行けない子供たちもいました。仕事と生活のブレンドは、多くの人にとって耐え難いものとなりました。メンタルヘルスやウェルビーイングにもかつてないほどのストレスがかかりました。

パンデミックが始まった時点では、「組織は自分たちのウェルビーイング全般を気遣ってくれている」ことに強く同意した米国の従業員は、半数以下（45%）でした。英国（27%）、フランス（26%）、ドイツ（32%）ではさらに低い割合となりました。ギャラップのグローバルデータベースでは、自分の組織が自分のウェルビーイングを大切にしていることに強く同意する従業員の割合は、組織によって大幅な差があり、30%から90%近くまであります。

「心配」の低さと、「自信」の高さを予測する重要な要因は、従業員ひとりひとりが、「組織は自分が最も関心があることを考えてくれている」と信じているかどうか、さらにはそれを経験しているかどうかなのです。従業員のウェルビーイングを重視する組織では、マネジャーは従業員ひとりひとりの状況をきちんと把握しています。そして危機的状況下でも、従業員の「キャリア・人間関係・経済・身体・コミュニティ」のウェルビーイングを向上させるために、個別にリソースを提供しているのです。

危機の中で従業員を導き、意欲をかき立て、その上で組織のレジリエンスを高める。そのためには、見落とされがちな人間の基本的な性質を理解する必要があります。

第4章

キャリアのエンゲージメントからウェルビーイングは始まる

Net Thriving Starts With Career Engagement

世界最大規模の研究

The Largest Study of Its Kind

ギャラップは過去30年間、世界212カ国、5000以上の組織の510万チーム、合計4290万人の従業員にインタビューを実施してきました。

確かなことは、従業員エンゲージメントを向上させるのがいかに大事か、いくら強調してもしすぎることはないということです。従業員エンゲージメントは、ウェルビーイングとレジリエンスの高い組織文化の根幹となるのです。

米国でも世界的に見ても、エンゲージした従業員の割合は、特に過去10年間で徐々に増えています。しかしそれは、パフォーマンスを高めたり、増える一方のメンタルヘルスの課題を解決するのに十分なスピードとは言えません。

ギャラップは、世界平均の3倍、4倍のエンゲージメントを達成した組織を調査しました。ギャラップの最も達成が難しいとされているエンゲージメント指標であっても、最高の組織ではエンゲージしている従業員の割合が70%を超えることもあります。エンゲージメントの高い組織は、それぞれ独自のアプローチをとっていますが、それでも次のような共通点が見えてきました。

グローバル・米国の従業員エンゲージメントの推移

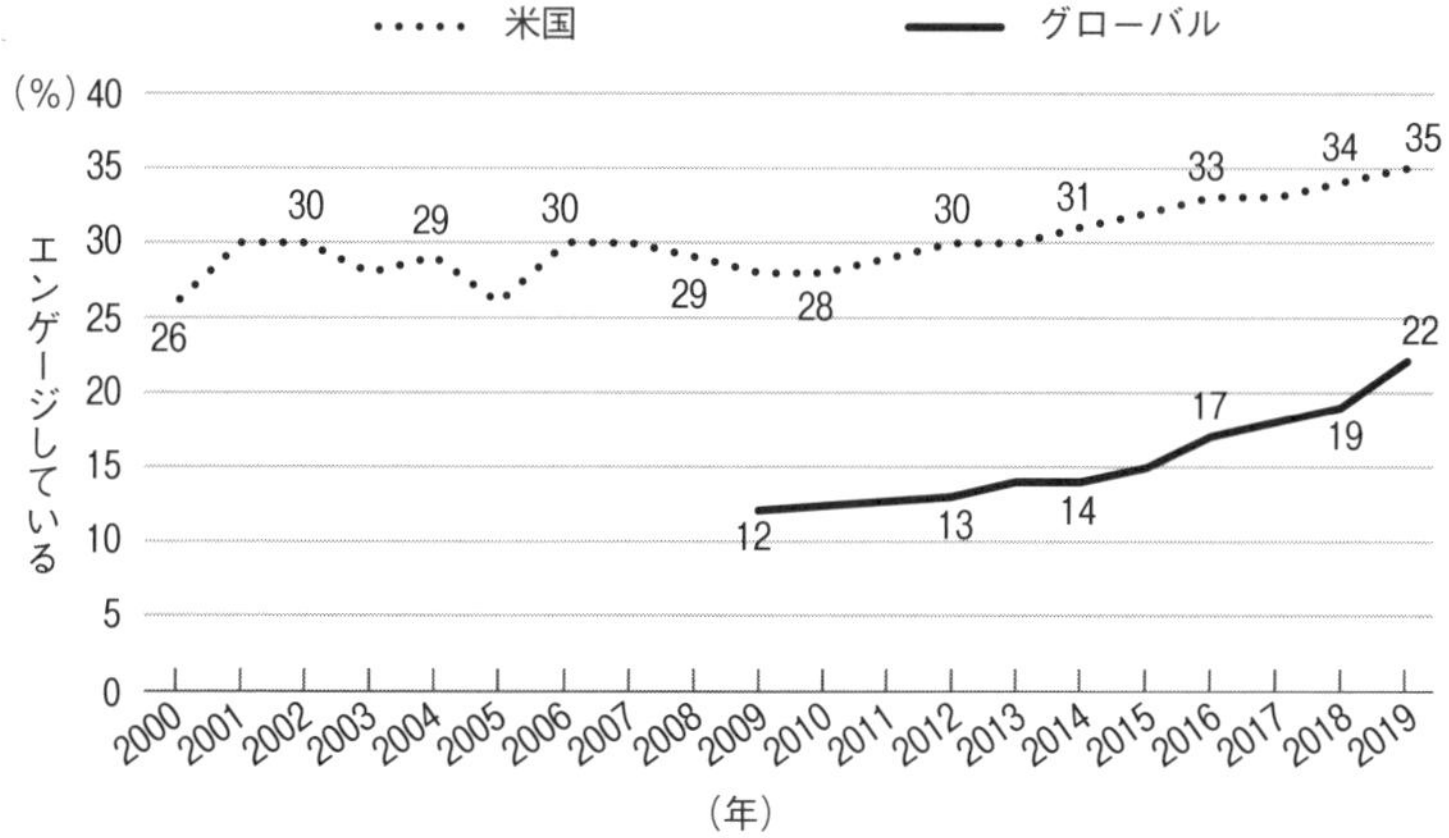

グローバルと米国のエンゲージメント推移は、
労働人口の無作為抽出からの年次データを使用して計算。

1　組織文化を変革するための取り組みは、CEOと取締役員会から始められた

2　マネジャーをボスからコーチへと変えた

3　効果の高い全社的なコミュニケーションを実践していた

4　マネジャーにエンゲージメントとパフォーマンスへのアカウンタビリティを担わせた

評価の高い学術誌やビジネス誌に掲載された多くの調査や研究に、ギャラップのデータベースが出典元や一次資料として使われています。このデータベースからわかるのは、組織、業界、地域を問わず、また、景気変動、技術革新、パンデミックや混乱の中でも変わらずに、一貫してパフォーマンスを予測できる核となる要素があるということです。このような職場の核となる一連の要素は、「ギャラップQ12」（付録4参照）と呼ばれる12の調査項目に集約されています。これらの項目を組み合わせることで、職場の従業員のエンゲージメント、つまり従業員の関与、熱意、コミットメントの度合いを、組織や地域を問わず、数値化することができます。

従業員エンゲージメントは、ウェルビーイングとレジリエンスの高い組織文化の根幹となる。

ギャラップのアナリストは近年、54業種、96カ国の11万2312の事業単位とチームを対象とした10回目のメタ分析を行いました。我々独自の指標に基づき分類された上位4分の1と下位4分の1の事業単位とチームを比較した結果、上位のチームは、欠勤率、離職率、窃盗(シュリンケージ)、従業員や患者の事故率、欠陥品の率などが大幅に少ないことがわかりました。また一方で、顧客エンゲージメント、生産性、売上は大幅に高くありました。これらの相乗効果で、収益性には23%の優位性が見られています。また、上位4分の1の事業単位は、会社が主催する活動への参加率が高く、従業員の生き生きしている率が66%も高いこともわかりました(本研究の詳細を記載した論文は、付録4を参照)。

これまで述べてきたように、キャリアのウェルビーイングは他のウェルビーイングの要素の基盤となるものです。そして、従業員エンゲージメントは、キャリアのウェルビーイングの、唯一にして最大の原動力なのです。

ウェルビーイングの実践法を身につける

前述の通り、多くの企業がウェルネス・プログラムを導入し、従業員のウェルビーイング改善を目的とした福利厚生を実施しています。これらの取り組みはよかれと思って行われていますが、その効果はいまひとつであったり、成果が見えなかったりします。

例えば、これらのプログラムを利用する従業員は、すでに健康的なライフスタイルを送っていたり、地域社会に関わっていたりします。一方、プログラムに参加しない従業員こそ、あまり健康的ではなかったり、地域社会へもあまり関わっていないけれど、実はプログラムを最も必要としている人である可能性があります。人というのは複雑で、それぞれのやる気のスイッチは違うのです。では、どうすれば、すべての従業員にとって効果のある、組織的な仕組みを考案できるのでしょうか？

私たちの調査によると、ウェルビーイングの取り組みが身につく率は、ある場合に大幅に高まることがわかっています。それは、従業員を仕事にエンゲージさせ、信頼を得ている優れたマネジャーがいる場合です。その理由は以下の通りです。

1　エンゲージした従業員は、自分の生活に関するいろいろなウェルビーイングの問題について、心を開いて気軽に話し合うことができ、マネジャーは彼らをよい解決策へと導くことができる。

2　エンゲージした従業員は、**「このプログラムは、対外用の単なる見せかけなのか、それとも本当に私の生活を改善しようとしてくれているのか？」**といった具合に、会社が提供するウェルビーイング・プログラムの意図を疑うことがあまりない。もしも仕事がつまらなかったり、悲惨だったりするならば、ウェルビーイングを向上させようと組織が努力しても、従業員の心には響かない。

3　エンゲージした従業員は、チーム内のメンバーと強い関係を築いている。研究によると、チームメンバー間でプログラムが伝播したからこそ、身についた可能性がある。

生き生きした組織文化を創造したいなら、**仕事**に最も密接に関連するウェルビーイングの要素をマスターすることから始まるでしょう。なぜなら、仕事そのものが信頼への架け橋となるからです。

今日の従業員は、雇用主に対してはっきりした期待を抱いています。自分の仕事の期待値が明確であること、強みを活かす機会があること、キャリア開発、自分の仕事に影響を与える決定に発言権があること、自分の仕事が重要なミッションや目的に貢献していること。これらの期待に

1つでも応えられない組織は、信頼性を失うのです。

いますぐ使えるシンプルな洞察《インサイト》

13世紀、英国の哲学者ウィリアムのオッカムは、「節約の原理」、通称オッカムの剃刀を提唱したことで知られています。理論を証明する際に、観察結果に適合するのであれば、できるだけシンプルな説明を用いて、過剰な情報をそぎ落とした方がよい、というものです。

比類なき才能を持つアルベルト・アインシュタインは、「物事はできる限りシンプルにすべきだ。しかし、シンプルすぎてもいけない」という言葉を残しています。

もしも仕事がつまらなかったり、悲惨だったりするなら、ウェルビーイングを向上させようと組織が努力しても、従業員の心には響かない。

科学の力は、最高の状態なら、人々の生活を向上させます。しかし、科学的調査結果が複雑すぎると、応用することができません。ギャラップの目標は、私たちの調査結果を総合し、概念的・統計的に重複している部分を特定して、最もわかりやすく、利用可能な洞察——できる限りシンプルで、ただしシンプルすぎない——を確立することです。

私たちはこの原則に則って、何千もの質問から12のエンゲージメント項目を特定し、同様に、5つのウェルビーイング要素も決定しました。

次のセクションでは、その中でも特に重要で優先度の高い5つのエンゲージメント項目を紹介します。

●私の期待値
●私の強み
●私の能力開発
●私の意見
●私のミッションや目的

これらのエンゲージメント項目が、パフォーマンスとウェルビーイングの両方に不可欠である理由を説明します。そして、この調査結果をすぐに活用して、生き生きした組織文化を探求する旅を始めてください。

私の期待値

世界的に見て、仕事で自分が何を期待されているかを知っている従業員は、2人に1人です。言い換えれば、世界中の従業員の半数は、自分の役割が何だかよくわかっていないということです。さらに問題なのは、上司が自分に何を求めているのかわからないために、ストレスや不安を感じている人がいたり、中には睡眠不足に陥っている人もいることです。半数の従業員は、自分が成功しているのか失敗しているのか、わからないのです。これでは、キャリアのウェルビーイングが損なわれてしまいます。

また、仕事上の期待値がはっきりしないと答えた人は、日々の心配事、ストレス、不安、孤独感が、より高い傾向にあります。

一方、仕事で明確な期待値を持っていると答えた人は、そうでない人と比べて生活全般で生き生きしている可能性が26%高くなります。

そして、パフォーマンスとの関連も明確です。自分に何が期待されているかを理解している従業員の割合を、2人に1人から10人に8人に増やすことができれば、組織は離職率を22%、安全上の事故率を29％下げ、生産性を10％上げることができます。

明確な期待値は、従業員にとって最も基本的なニーズなのです。

これがなければ、企業のプログラム、取り組み、組織文化はどれも成功しません。しかし、ベテランの経営者や既存の企業の多くは、これを正しく機能させられていません。「自分には明確な職務明細書がある」という項目に強く同意する従業員は、残念ながら半数以下（43％）でした。「職務明細書の内容と、自分に求められている仕事が一致している」という項目に強く同意する従業員は、さらに少数でした（41％）。

仕事上の期待値がはっきりしないと答えた人は、日々の心配事、ストレス、不安、孤独感が、より高い傾向にある。

「職務明細書の内容が、実際の仕事と一致している」という項目に強く同意すると回答した従業員は、他の従業員よりも2・5倍もエンゲージメントが高い傾向にあります。ただ、この要素の最大の落とし穴は、文章が平易であるために「解決策も簡単だ」とマネジャーが思い込んでしまうことです。「何を期待されているのかわからないなら、教えてあげればいい」と。

しかし、上司や組織が何を期待しているかを従業員に理解してもらうためには、単に伝えるだけでは不十分です。従業員は自分の仕事の基本を把握する必要があります。

今日の高度にマトリクス化された職場では、1人の従業員が複数のチームに所属し、それぞれ異なる優先順位を持つ複数のチームリーダーと一緒に働くことは珍しくありません。このような従業員は、高い協調性を発揮し、同僚とうまくやっているかもしれません。しかし、何を一番最初にすべきかわからないままです。これが不安とストレスを生むのです。

さらに悪いことに、マネジャーはおおむね、従業員よりも期待値がよくわかっていないのです。多くの場合、従業員とそのマネジャーは、それが評価対象となるかどうかにかかわらず、仕事上でアカウンタビリティを担わされています。そのため、**週に複数回**（最低でも週1回）、有意義なフィードバックをすることがマネジャーの「重要」な役割になります。チェックイン、クイックコネクト、育成型コーチングの会話などを通じて行いましょう。そしてこのミーティングの中心となるのは、**目標**についての話し合いです。

従業員の期待値を明確にする参考として、次の科学的根拠に基づいた洞察を使ってください。

●**明確な目標を設定する**——「Journal of Management」誌に掲載された74件の研究のメタ分析によると、個人の役割における、明確で曖昧でない目標は、生産性の向上に関連することがわかりました。また、「Journal of Applied Psychology」誌に掲載された49件の研究のメタ分析によると、具体的で難易度の高い目標は、高いパフォーマンスと関連していました。また、難易度が中程度の目標であっても、曖昧でなければ、高いパフォーマンスと関連がありました。

●適切なリソースを提供する――「Journal of Vocational Behavior」誌に掲載されたメタ分析によると、難易度の高い目標は、従業員がその仕事をするのを助けるリソースを持っていない場合、燃え尽き症候群を引き起こす可能性があることがわかりました。

●目標設定を協働する――ギャラップの調査によると、「上司が仕事上の目標設定に自分を参加させる」ことに強く同意した従業員はわずか30％です。しかし、強く同意している従業員は、他の従業員に比べて3・1倍もエンゲージメントが高い傾向にありました。

●集合知を育む――多くの研究が、人が「自分の役割」と「チームメイトの役割」との関係を知ることの重要性を示しています。チームメンバーは、時間をかけて一緒に仕事をすることで、「暗黙の了解」や「共通の認識」を得ていきます。その結果、さまざまな状況下で各チームメンバーがどのように反応するかを段々と予測できるようになるのです。また時間とともに、この情報を心に留めておき、新しい状況に適用することができるようになります。

「明確な期待値」は、一見当たり前のように聞こえるかもしれません。しかしそれを一貫して行っていると、従業員の基本的なニーズを深く満たします。マネジャーと従業員が一緒に目標を設定し、期待値を明確にすることで、モチベーションが高まります。そして当事者意識、行動力、創造性、イノベーションを誘発します。なぜなら、全員が目標を決めているからです。

My Strengths

私の強み

世界の従業員の3人に1人が、「仕事をする上で、自分の最も得意なことをする機会が毎日ある」と強く感じています。

このような従業員は、自分が本来持っている才能や強みを常に仕事で発揮しています。一方、自分の得意なことをしていない人は、日々の生活に退屈を感じている率が高いことが報告されています。1日中エネルギーが不足しており、生活全般で葛藤したり、苦しんだりしている傾向が高いのです。

私たちの調査で、勤務時間中に従業員を追跡し、特定の瞬間に何を感じたかを報告してもらいました。その結果、調査前に「自分の最も得意とすることをする機会がある」と答えていた従業員は、他の従業員に比べて、その瞬間のエネルギーが非常に高い報告がありました。これは、ウエルビーイングとパフォーマンスの両方に密接に影響します。

マネジャーは、人が本来持っている才能や強みを活かせるように従業員を配置しましょう。そうすれば、よりよい結果が得られます。

1日の瞬間的エネルギー

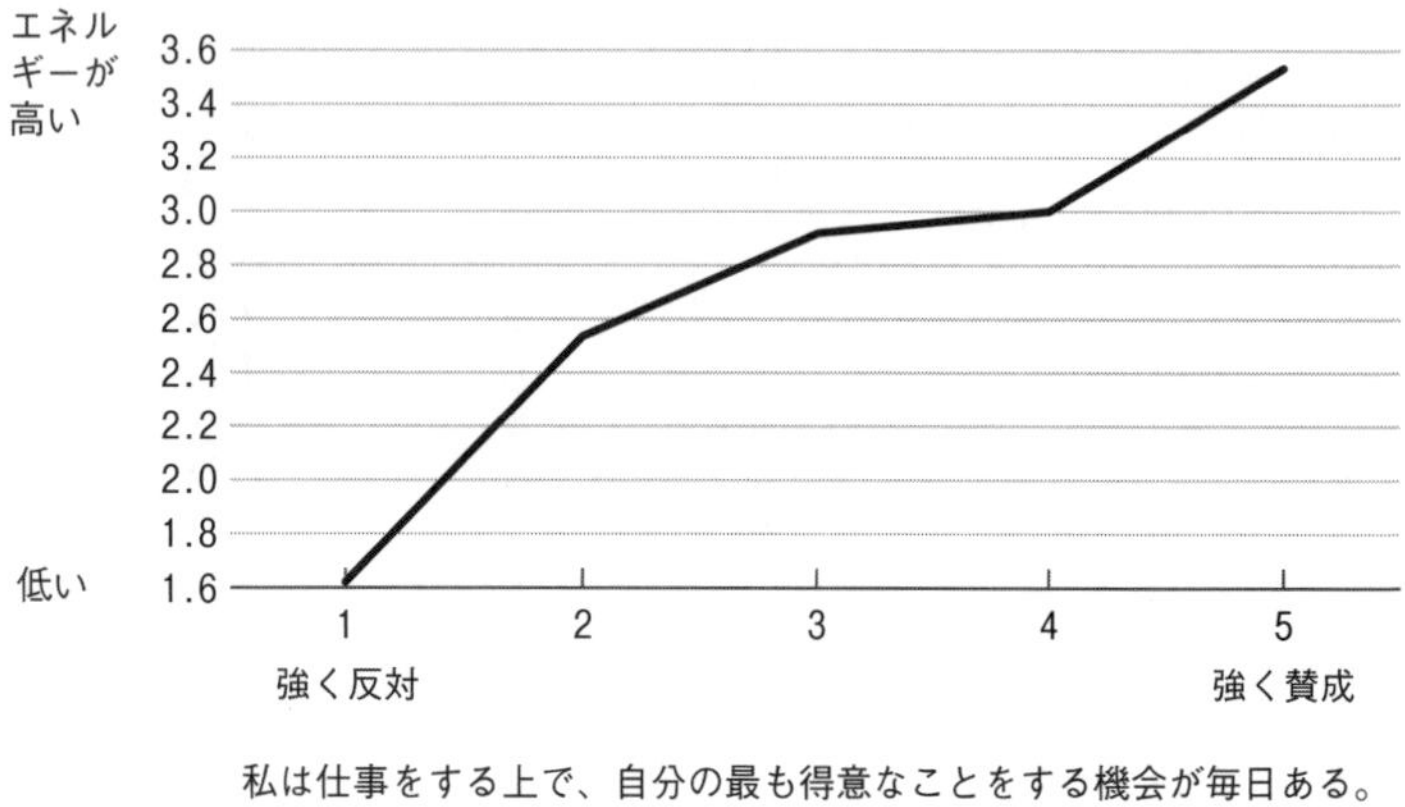

注：勤務中の参加者152名の約750の瞬間的な評価の中央値個別の要約。
使用した手法の詳細は、Harter & Stone（2012）参照。

これらの科学的根拠に基づく洞察は、従業員が最善を尽くす機会を与える指針となります。

●科学的な「仕事への適性」システムを構築する――適切な人材に適切な仕事を任せることは、複雑な責任を伴います。「Personnel Psychology」誌に掲載された172件の研究のメタ分析によると、「仕事への適性」、つまり職務上の知識、スキル、能力が職務要件を遂行するのに適合しているかどうかは、職務態度、パフォーマンス、ウェルビーイングに大きく関係していることがわかっています。また、ギャラップのシニア・サイエンティストであるフランク・シュミットらによる採用選考に関する100年分の研究のレビューでは、生来の傾向に基づいた科学的な採用選考方法が、パフォーマンスを大幅に向上させることが明らかになりました。この最初の一歩を見落とした組織は、苦しい戦いを強いられます。

●**役割における強みを特定し、活用する**――どんなに優れた採用選抜システムを用いても、どのような職務に就いている人でも、その強み（人間関係構築力、影響力、実行力、戦略的思考力など）にはかなりのばらつきがあります。このばらつきは、人種、性別、年齢など、あらゆる属性のカテゴリーで見られます。ギャラップの調査によると、個人の強みは10年以上経ってもあまり変わらない傾向があるという結果が出ています。他の複数の継承可能性研究でも、より長い時間軸であっても、これを裏付ける結果が出ています。つまり、従業員が成功するための最善の方法は、彼らがすでに持っている強みを特定し、それを開発することなのです。

●**従業員が本来持っている能力に合わせて、挑戦課題を与える**――8115人の参加者を対象に、「1日の再現」を調査した結果があります。この調査では、さまざまな活動にどれだけの時間を費やしたか、またその活動中にどのような感情を抱いたかなど、前回（日）の仕事日を再現してもらいました。その結果、エンゲージメントの高さと低さを最もよく予測したのは、「やっていることに没頭していて、時間がものすごい速さで過ぎた」と答えた時間の長さということがわかりました。ギャラップの名誉シニア・サイエンティストであるミハイ・チクセンミハイが提唱した「フロー」と呼ばれる状態です。優れたマネジャーは、能力開発のために、従業員に「フローを体験したときのこと」を尋ねます。生来の才能や強みを特定するヒントになります。

第5章でご紹介するように、強みを特定し、活かす訓練をすることは、ひとりひとりのウェルビーイングをすばやく高める方法も提供してくれるのです。

マネジャーは、人が本来持っている才能や強みを活かせるように従業員を配置することで、よりよい結果が得られる。

My Development

私の能力開発

組織は私のウェルビーイングを大切にケア（気遣い）してくれている。従業員がそう感じられるためには、まず、職場に自分のことを人として気遣ってくれる誰かがいなければなりません。究極のケアとは、誰かの将来に投資することでしょう。つまりその人のプロフェッショナルとして、そして人としての成長のために投資をすることです。実際、私たちの調査によると、能力開発は「組織が自分の全般的なウェルビーイングを大切にしていると感じているかどうか」ということと強い関連があります。

世界的に見ても、「仕事上で、自分の成長を後押ししてくれる人がいる」という質問に強く同意する従業員は10人に3人しかいません。

エンゲージメント項目の中でも、これは生き生きした組織文化を築く上で最も重要な項目です。人は、成長していなかったり、能力が未開発だったりすると、考え方がどんどん狭まっていき、利己的になります。「私にどんな得があるのか？」という自己中心的な考えになり、**「お客様にとって最善のことをするために、自分のチームが他のチームとどのように協力できるか？」**といった会社志向の考えができません。

能力開発は経営層から始まります。問題は、ギャラップのデータによると、管理職研修に大規模な投資を行っているにもかかわらず、「仕事上で、**自分の成長**を後押ししてくれる人がいる」と強く感じているマネジャーは3人に1人しかいないことです。また、私たちの調べでは、勤続年数が長くなるにつれ、学びや成長の機会が減っていきます。

もちろん組織がこの問題を解決しようとしてこなかったわけではありません。この問題が深刻になってきたので、人事部は従業員の肩書きや職務レベルを膨らませて、成長しているように**感じさせよう**としています。

仕事内容を変えた人の3分の2は、同じ会社で新しい仕事を見つけるのではなく、転職しています。そして、人々が会社を変える理由のトップは、キャリア開発の機会が十分でなかったことです。組織内で従業員向けに明確な将来性があるキャリア・パスを設定しないのは、リーダーシップとしては間違っています。

あなたの組織のマネジャーたちは「才能を保管庫にしまっておく人」ですか、それとも「スターを生み出す人」ですか？　組織内で起きることはソーシャルメディアで拡散されます。ですので、その答えはあなたの採用ブランドに大きく影響するでしょう。

2008年の金融危機後の不況期に行われたギャラップの調査によると、「仕事上で、自分の成長を後押ししてくれる人がいる」と答えた従業員は、自分の生活水準をより肯定的にとらえ、より前向きな未来を見通すことができるという結果が出ています。

従業員の「経験する自己」にとって、能力開発は毎日の生活をより面白く、より楽しいものにします。仕事が面白いかどうかで、あなたが、「燃え尽き症候群」になるか、「フロー」に入るかに差ができます。

反対に、変わりばえがしないと感じる仕事を、何度も何度も、しかも何年も繰り返していると、人の気力はすり減っていきます。優秀な従業員が会社を辞めるのは、自分の将来について話してくれる人が誰もいなかったから、ということもあります。

従業員の「記憶する自己」にとって、自分がどれだけ頑張ったか振り返ることは、深く満たされるときなのです。もっと健康になりたい、もっとよい親になりたい、もっと経済的に安定した生活を送りたい、スキルや能力をさらに高めたいなど、誰もが自分の進歩を実感したいと思っています。従業員が自分の人生を振り返って、あの瞬間に成長したと思えるとき。それは非常に大変で挑戦であったことが多いけれども、最も深い満足感を覚えることができるときなのです。

次の科学的根拠に基づいた洞察を、従業員に能力開発の経験を設けるためのガイドとして活用してください。

●メンター制度を設ける——166件の研究をメタ分析した結果、メンターがいる人は、パフォーマンス、組織にとどまる意向、同僚との協力関係、キャリアに対する肯定的な態度、全般的なモチベーション、健康習慣などが大幅に向上することがわかりました。また、一連の研究では、目標に対する足並みが個人とメンターの間で揃っていると、キャリアのウェルビーイングが大幅に強化されることが示されています。ですから、必ずその人に合ったメンターをつけるようにしましょう。

●**目標に集中する**――607件の研究のメタ分析によると、定期的なフィードバックはパフォーマンスを向上させますが、その影響はフィードバックの種類によって異なることがわかっています。目標設定に関する60年分の研究を見直した結果、能力開発に関するフィードバックに目標を加えることで、パフォーマンスが大幅に向上することがわかりました。目標設定の際には、少し背伸び《ストレッチ》をした課題や業務を課す、チーム外とのコラボレーションを設定する、メンターをつけるなど、役割ごとに必要な経験は何か、特定しましょう。

●**効果のあるマネジャー研修を利用する**――ギャラップの調査によると、従業員エンゲージメントを上げるために強みの活用法を習得する研修を受けたマネジャーは、受けていない対照群と比較して、チームのエンゲージメントに2・5倍の影響を与えるという結果が出ています。

●**マネジャーの燃え尽き症候群に注意する**――マネジャーは生き生きした組織文化を作る上で最大の役割を果たしている一方で、部下よりも燃え尽き症候群やストレスが高い傾向にあります。マネジャーがウェルビーイングにおける成功や戦略を共有できる仲間のグループを作りましょう。

変わりばえがしないと感じる仕事を、
何度も何度も、しかも何年も繰り返していると、
人の気力はすり減っていく。

私の意見

自分の意見が重視されていると感じることは、敬意と密接に結びついています。経営者と従業員の間に対話があってはじめて、敬意ある組織文化は生まれます。しかし世界的に見て、仕事上で自分の意見が取り入れられていると強く思っている従業員は4人に1人しかいません。自分の意見が取り入れられているように思っている従業員の3分の2は、生活全般で生き生きしている傾向が見られます。

従業員の意見を意図的に求めることは、リモートワーカーが増えたいま、特に重要です。リモートで働く人は、皆から隔絶されている、孤独である、またはエンゲージメントが切れてしまった、など感じる可能性があります。そしてそのような従業員は簡単に輪から外れたままになってしまいやすいのです。

自分の意見が取り入れられていないと感じることは、従業員が燃え尽きる主な要因になります。想像してみてください。何度も何度も「これは無理です、うまくいきません」と伝えなくてはならないときのイライラを。誰も自分の意見に耳を傾けてくれないと思うと、従業員は無力感に苛まれます。その結果、仕事とウェルビーイングの両方で苦しむことになるのです。
リーダーがフォロワーの意見を求め、それを活用することで、フォロワーに当事者意識が生まれます。従業員は、「私がこれを作った」と感じます。

自分の意見が取り入れられていないと感じることは、従業員が燃え尽きる主な要因になる。

最高のマネジャーは、チームをよりよい意思決定のための重要なリソースとして活用しています。対話と議論がしやすい環境を作り、問題解決のためのチーム文化を生み出すのです。

次の科学的根拠に基づいた洞察を、従業員が自分の意見が取り入れられているように思えるためのガイドとして活用してください。

● **従業員の意見を求める**——88の研究のメタ分析の結果、マネジャーが従業員に意見を求める組織文化にいる人は、身体的な健康上の症状や、感情的な苦痛の報告が少ないことがわかりました。

● **従業員に権限を与える**——従業員に権限を与えると、彼らはより長生きするでしょう。ホワイトホール研究という、英国の公務員1万7530人を対象とした研究と、1万3114人を対象とした研究があります。もともとはマイケル・マーモット卿が研究を主導し、「健康の社会的決定要因」を縦断的に研究することを目的としていました。調査結果の多くは、研究論文やマーモット卿の著書『ステータス症候群』で取り上げられています。主な発見は、認知制御の低い〔自分の人生や生活を自分でコントロールすることができないと思っている〕人ほど、冠状動脈性心臓病の罹患率や死亡率が高いというもので、職場が重要な寄与因子であることがわかりました。

私のミッションや目的

10人に9人以上の人が、「自分の人生を重要なものにしてくれる目的がある」と答えています。しかし、世界的に、「会社が掲げているミッションや目的は、自分の仕事が重要なものであると感じさせてくれる」ことに強く同意する従業員は、わずか3人に1人です。

特にミレニアル世代とZ世代は、「パーパス・ドリブン」で、ミッション志向の仕事をしたいと思っています。また、すべての世代が組織の目的を、仕事を探す際の重要な要因としてとらえています。

従業員の「経験する自己」は、給料をもらうためだけでなく、自分の仕事が重要であるからこそ、毎日仕事に行くのです。先に述べたように、使命感や目的意識を持つことは、困難な状況にあってもレジリエンスを発揮するための条件です。

従業員の「記憶する自己」は、中年になると、自分が本当に世の中に貢献したのかと疑問を持ち始めるかもしれません。職種を問わず、定年間近になると、「何のためにやっていたのか？」と疑念にかられるかもしれません。

仕事が単に仕事であれば、どこで働いても構わないでしょう。しかし従業員は自分が毎日することに意味を求めています。生活費を稼ぐという物理的なニーズを超えて、人々はより高次の目的に貢献することを求めているのです。だから、従業員は、自分の雇用主が行っていることを信じたいのです。それが会社であろうと、地域社会であろうと、スポーツチームであろうと、地元の劇団であろうと、子供博物館であろうと、教会であろうと、人間には、何かに属したいというニーズがあります。

どの会社でも公式なミッションが名文化されていますが、**仕事を意味あるものにするのはマネジャーなのです。**

優れたマネジャーは、組織のミッションをわかりやすく説明し、それに対する自分の役割を従業員に理解させます。そして、従業員がそれについて話せる機会を設け、目的に対する意識を深めていきます。

次の科学的根拠に基づいた洞察を、組織のミッションや目的を、従業員の仕事やウェルビーイングに不可欠なものにするためのガイドとして活用してください。

●ミッションや目的を明確かつ簡潔にして、すべての従業員が日々の仕事に関連付けられるようにする――明確な目的は、レジリエンス、ウェルビーイング、そして財務上の成果を促進します。429社を対象とした最近の調査では、上場企業の従業員の目的意識と財務上の成果との関係を検証しました。その結果、経営陣からの明確なコミュニケーションがなければ、目的だけでは財務成果の違いを説明できませんでした。だからこそ、あなたの組織が何を支持しているのか、誰でもはっきりとわかるようにしましょう。

●**燃え尽きる前に対処する**――たとえあなたの組織に、従業員全員が覚えている明確なミッションや目的があったとしても、ビジョンや理由もなく常に優先事項が変わったり、ひどいマネジャーがいると、従業員は不安に陥ります。これは、ストレスや怒り、そして最終的には燃え尽き症候群を生み出す素となります。忘れてはならないのは、従業員が必要としているのは、明確な公式ミッションだけではなく、優れたマネジャーなのです。

どの会社でも公式なミッションが名文化されているが、
仕事を意味あるものにするのはマネジャーである。

第5章

ウェルビーイングを高めるには?

The Fastest Road to Net Thriving:
Play to Strengths

強みはウェルビーイングを高める

「この新しい世界で成功するためには、まず自分が何者であるかを学ばなければなりません。ほとんどの人が、たとえ大成功した人であっても、次の質問に答えられません。〈自分が何を得意か知っていますか?〉〈自分の強みを享受できるように、何を学ぶべきか知っていますか?〉こんなことを考えてみたことがある人はほとんどいないでしょう」——ピーター・ドラッカー(1909~2005)

生き生きするために、何も極端な手段を講じたり、自分ではない他の誰かになろうとする必要はありません。

- 健康的でいるために、スポーツ選手並みの運動をする必要はない。毎日、適度な運動をするだけでよい。
- 経済的安定を感じるためには、億万長者である必要はない。カギは、自分の収入に応じた生活をすること。

●ソーシャルライフを向上させるために、新しい友人を10人作る必要はない。ただ、自分にエネルギーを与えてくれる人間関係があればよい。

ウェルビーイングを向上させるには、習慣を変える必要があります。では、どうすれば長期的に最善な行動を取りやすくなるのでしょうか？　カギとなるのは、従業員の独自の強みを特定し、高いウェルビーイングを目指すことです。

マネジャーは従業員とウェルビーイングについて話し合うべきですが、それは必ず信頼関係の基盤を築いてからにしましょう。個人的なつながりのないウェルビーイングの会話は、地雷原を歩くようなものです。だからこそ、従業員の強みからウェルビーイングの話し合いを始めることが効果的なのです。このような話し合いは次のような点に留意して行なうとより有意義になるでしょう。

●相手のポジティブな貢献に焦点を当てる
●相手が自分を擁護しなければならないと感じるような気まずい批判はしない
●相手をユニークにしている要素を把握する
●強みに基づいた能力開発のための共通言語を確立し、エンゲージメントを高める従業員の強みを特定できれば、その従業員が何に興味を持ち、エンゲージし、重要で価値があると感じているかを知ることができます。これにより、意味のある会話ができるようになり、ウェルビーイング活動をその人の興味に合わせることができるようになります。

ギャラップは、ドン・クリフトン博士のライフワークである「強み」を通じた人間の可能性を50年にわたって研究し、34の才能の資質を発見しました。クリフトン・ストレングス34の資質それぞれの5つのウェルビーイング要素に関する洞察とアクションアイテムについては、付録1をご覧ください。自分自身の強みを発見するには、巻末の袋とじ付録に入っているアクセスコードを使って、ご自身でクリフトン・ストレングスのアセスメントを受けてみてください。

強みを活かして、職場のウェルビーイングを高める。それは、直ちにレジリエンスとメンタルヘルスを向上し、そしてさらには充実度までも高める、かつてないほど最も劇的な治療法となる可能性があるのです。

生き生きと働くために、何も極端な手段を講じたり、
自分ではない他の誰かになろうとする必要はない。

付録1

5つのウェルビーイング要素に関する強みの洞察とアクション項目

Strengths Insights and Action Items for the Five Wellbeing Elements

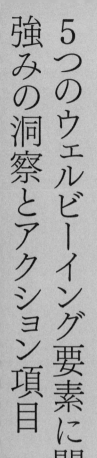

従業員はそれぞれに個性を持っています。従業員の強みを知ることは、ひとりひとりに合った、前向きで効果的なウェルビーイングについての会話に向けた第一歩です。

従業員の強みの結果がわかったら、この付録で各自のクリフトンストレングスの上位資質に関する解説を確認しましょう。そして、それぞれの強みに特化した5つのウェルビーイングの要素にまつわる洞察とアクション項目《アイテム》を、会話のきっかけとして使いましょう。強みに焦点を当てることは、従業員が生き生き暮らすことを探究するウェルビーイングの旅を始める上で最良かつ最速の方法です。

アレンジ

Arranger

〈アレンジ〉の資質が高い人は、組織化が得意で、その際に柔軟性を発揮します。生産性を最大限に高めるために、すべてのパーツやリソースをどう組み合わせるか、考えることを楽しみます。

Action items

- **キャリア**——この資質が高い人は指揮者です。動かせる部品やパーツをたくさん組み合わせる必要があるとき、生き生きとします。難易度の高い複雑な業務を担当させてみるのもよいでしょう。
- **人間関係**——この資質が高い人は、祝賀会や表彰のような、盛大にお祝いする機会を企画するのが好きです。社内外の大事なイベントをコーディネートしてもらいましょう。
- **経済**——アレンジの才能を発揮して、すべての貯蓄や資産項目、生活費といった「動かせるパーツ」がうまく連携する組み合わせを考えさせ、短期および長期目標を達成するのを支援します。
- **身体**——厳密にルーティーンを遵守するよりも、健康的な選択肢をいろいろ持てる方がやる気が出るでしょう。例えば、野菜をたくさん食べる、睡眠習慣を改善する、歩いて子供を学校に連れて行く、自転車で友達に会いに行く、ジムに通うなど、状況に応じて選べるようにしましょう。
- **コミュニティ**——地元の非営利団体のリーダーになる、または組織がボランティア活動に取り組んでいるなら、そのリーダーになることを考えてもよいでしょう。この資質が高い人は、組織の目的にふさわしい人を見つけたり、配置することに長けているからです。

運命思考

Connectedness

〈運命思考〉の資質が高い人は、あらゆるものの間にはつながりがある、という信条を持っています。偶然起こることはほとんどなく、すべての出来事には意味があると信じています。

Action items

- **キャリア**――チームの目標に全員を向かわせるために、この資質が高い人に関わってもらいましょう。チームが抱えるすべての業務がどのように関連しているかを同僚に理解させることができます。
- **人間関係**――この資質が高い人は、混沌として先が見通せない状況下で皆を落ち着かせることができます。「全体」は、単にパーツの寄せ集めではないことを理解しているからです。友人、家族、同僚が過去を受け入れ、これから起こることを信じられるように助けるでしょう。
- **経済**――この資質が高い人が支出や投資の決定を下そうとしていたら、どんなに小さな選択でも大きな全体とのつながりがわかるようにコーチングします。どんな小さな決定もそれで終わることはなく、何かに影響を及ぼすことがわかるでしょう。
- **身体**――この資質が高い人は、自然と人間は「一体」であると感じています。屋外でのハイキングやランニングを勧めるのもよいでしょう。エネルギーが湧いてきます。また、瞑想やヨガを行うと、内なる自分と、自分の周りの世界とつながることができるでしょう。
- **コミュニティ**――世界が苦しみの渦中にあると、この資質が高い人は義務感を感じ、人々の心を結びつけ、そしてすべての出来事には理由があることをわかってもらおうとします。多くの人を団結させる力があるからこそ、深刻な社会問題に本気で関与します。そのことに気づいてもらいましょう。

回復志向

Restorative

〈回復志向〉の資質が高い人は、問題におじけづくことなく対応できます。問題点を突き止め、解決することが得意です。

Action items

- **キャリア**――この資質が高い人は、壊れているものを見つけて直すのが大好きです。問題をあらゆる角度から検討して、根本原因を特定し、解決することが好きなのです。「組織には大きな問題がある。あなたに直してほしい」と言われれば、生き生き取り組むでしょう。
- **人間関係**――この資質が高い人は壊れたものはなんでも修復できます。しかもすぐに取りかかるでしょう。そこからエネルギーをもらうのです。人はそんな姿に惹かれます。これは魅力的な資質だということを、自覚してもらいましょう。誰もがこの人のような友人を必要としているのです。
- **経済**――市場や金利は常に変動し、そして個人のニーズも絶えず変化するため、お金の問題は次から次へと発生します。この資質が高い人に、自分であれ、他人の問題であれ、こうした金銭的な問題を解決する方法を聞くと生き生きと答えてくれるでしょう。
- **身体**――身体に関することを、「解決しなければならない問題」としてとらえてもらいましょう。「身体的なウェルビーイングの改善」と考えると、うまくいくでしょう。
- **コミュニティ**――いまのコミュニティで最大の問題は何でしょうか。この人がそれを特定し、関わることを後押ししましょう。問題が大きければ大きいほど、その問題を分析し、さらに細かく分解し、原因と解決策を見つけ出そうと燃えるでしょう。

学習欲

Learner

〈学習欲〉の資質が高い人は、学びたいという強いニーズがあります。常に向上し続けたいのです。結果よりも、学ぶ過程（プロセス）に非常にわくわくします。

Action items

- **キャリア**——この資質が高い人は、継続的な学習と能力開発の機会があることに価値を置きます。仕事で何を最も学びたいかを尋ね、組織内の専門家とパートナーを組ませましょう。そしてチームでプレゼンテーションをする機会を設けて、新しい知識を共有してもらいましょう。
- **人間関係**——好奇心と知識への探求心が強いので、自然に新しいクラスを受講したり、新しく語学を学んだりします。友人を誘って、一緒に体験するのもよいでしょう。
- **経済**——今年の経済的な目標を考えるように勧めましょう。例えば、「家族旅行のために貯金する」「株に投資する」など、目標が決まったら、達成するための手法を学べる、ポッドキャストや記事、オンライン学習などを探しましょう。
- **身体**——トレーニングに深層学習〔タスクをコンピューターに学習させる手法〕を取り入れると、習慣化につながるでしょう。トレーニング関連で毎日読むお気に入りの読み物、ポッドキャスト、オーディオブックなどを保存するのもよいでしょう。
- **コミュニティ**——地元の図書館、博物館、歴史協会などでボランティアをするのもわくわくするかもしれません。また、地域が現在直面している問題に飛び込んで、わかったことを報告すると、地域のリーダーから高く評価されるでしょう。

活発性

Activator

〈活発性〉の資質が高い人は、事を起こすことができます。思考を行動に移します。話しただけで終わらせたくはありません。すぐに実行したいと考えます。

Action items

- **キャリア**――プロジェクトに弾みをつけたいときは、この資質が高い人に頼んでみましょう。人々を行動に走らせる天賦の才があることを認識してもらいましょう。
- **人間関係**――共通の目標や活動のために、皆を一致団結させなくてはいけないときは、この資質が高い人にまとめてもらいましょう。生き生きと計画に着手して、他の人に参加を呼びかけてくれるでしょう。
- **経済**――この資質が高い人は、経済的な目標に向かって頑張りますが、途中で勢いを失うことがあります。ゴールまで集中力を切らさないために、「アカウンタビリティ・パートナー」〔お互いに経過報告やサポートをし合う相手〕を見つけたり、進捗を記録するツールを使うように勧めてください。
- **身体**――チームがエネルギーを高める必要があるときは、この資質が高い人に体を動かす声かけを頼みましょう。オンライン越しにストレッチをしたり、散歩をしてもよいでしょう。この人のエネルギーは、グループの心身のウェルビーイングを高めます。
- **コミュニティ**――どのようなコミュニティのイベントや活動が、この資質が高い人に活力をもたらすのでしょうか。次の「チェックイン」の会話の際に尋ねてみましょう。その人の情熱がどこにあるかによりますが、例えば、生活が苦しい人に食事や学用品を購入する活動、非行に走ったり、虐待を受ける危険に晒されている青少年のためのメンタリングプログラムを開始する、などもよいでしょう。

共感性

Empathy

〈共感性〉の資質が高い人は、「自分が相手の人生や境遇にあったらどうだろうか」と想像することで、他人の感情を感じ取ります。

Action items

- **キャリア**――この資質が高い人には、同僚が感じていることを感じ取るという才能があります。相手の気持ちを読むのが上手なので、この人にメンバーやチームの雰囲気についてアドバイスやフィードバックを求めると、喜んで話してくれるでしょう。
- **人間関係**――この人は友人や家族からは「自分のことをとてもよくわかってくれている」と感謝されています。しかし当人は、〈共感性〉が高いが故に、自分自身のニーズに注意を払っていないことがあります。ポジティブなエネルギーを与えてくれる人との時間を意識して取るように後押ししてください。
- **経済**――この資質が高い人は自分よりも他人を優先する傾向が強いので、自分の投資を、自分が最も大切にしている人を助けることにつながるという視点を持ってもらいましょう。
- **身体**――この資質が高い人は他人の感情や問題を背負い込む傾向があります。それから自分を切り離せる手段を見つけられるよう助けましょう。運動や瞑想、その他にもこの人に合ったものを探してみましょう。
- **コミュニティ**――この資質が高い人には、他の人の不安を理解する力があります。それを活かして、地域社会の難しい問題を解決できるようにコーチングしましょう。

競争性

Competition

〈競争性〉の資質が高い人は、他の人のパフォーマンスと比較して、自分の進歩や進捗状況を測ります。勝つために多大な努力をし、コンテストに挑むことを大いに楽しみます。

Action items

- **キャリア**――この資質が高い人は、自分の成果を測定して他人と比較することで、生き生きとします。競合他社との競争の先頭に立つことに喜びを感じるでしょう。
- **人間関係**――この資質が高い人には、同じように競争して勝つことが好きな同志たちを見つけ、集まれるようにサポートしましょう。健全な競争心の受け皿となります。
- **経済**――ゲーミフィケーションとアカウンタビリティ・パートナーはこの資質が高い人のやる気を刺激し、経済的な目標を達成させるでしょう。達成度に応じてポイントが加算されるスマートフォンのアプリを探したり、信頼できるパートナーと自分の財務目標を共有することを提案してみましょう。
- **身体**――この資質が高い人にとっては、1位を取ることがすべてです。モチベーションを保つには得点表のあるアクティビティが効果的です。地元や社内にある、強豪スポーツチームに参加して勝利に貢献するのもいいかもしれません。
- **コミュニティ**――趣味や関心事について聞いてみましょう。非営利団体、慈善団体、その他のボランティア組織などで、いま応援を必要としている人たちに、自信と勝利の風を吹き込むことができるでしょう。

規律性

Discipline

〈規律性〉の資質が高い人は、ルーティーンや仕組みを作ったり、守ったりすることを楽しみます。彼らが生きる世界は、彼らが作り出す秩序に従って機能しています。

Action items

- **キャリア**——この資質が高い人は、自分やグループのために、仕組みを構築するのが得意です。混沌とした状態から秩序を作り出すような役割を任せれば、生き生きと取り組むでしょう。
- **人間関係**——この資質が高い人は、社交的な集まりやイベントを計画し、完璧に実行することに喜びを感じます。この強みを活かす活動を見つけましょう。
- **経済**——この資質が高い人は、食料品、光熱費、住居、娯楽、投資などの予算を決めている可能性があります。財務計画アプリケーションなどを活用して、すべての支出を1カ所で把握できるように導きましょう。
- **身体**——この資質が高い人のウェルビーイング全般に言えることですが、ルーティーンをやり通すことがカギになってきます。1日の中で、食事、運動、休息などの時間を決めている場合、予定を変更するとそれが崩れてしまい、ウェルビーイングに影響を与えることを理解しましょう。
- **コミュニティ**——この資質が高い人は、地域社会の組織に仕組みと秩序をもたらすことで生き生きとするでしょう。

原点思考

Context

〈原点思考〉の資質が高い人は、過去について考えることを楽しみます。現在を理解するために時系列的にさかのぼって調べます。

Action items

- **キャリア**——この資質が高い人は過去に起こったことや経緯に深い興味を持っています。過去を振り返るのは、現在を理解するためです。チームが背景情報や事例が必要なときに頼れば、打開策につながるでしょう。
- **人間関係**——この資質が高い人は過去を理解することが好きです。誰かと一緒にアンティークや骨董品を探したり、博物館に行くような週末を過ごすことで、わくわくします。友人や家族と思い出もよく覚えていて、喜ばれるでしょう。
- **経済**——この資質が高い人は、どのように投資が経時的成果を出してきたか、株式や不動産で複利の効果があったかなど長期的な視野でとらえることができます。この才能を活かして、うまくいった過去の支出や投資といかなかったものを特定させましょう。
- **身体**——この資質が高い人は、新しい流行よりも、効果が実証されている最も効果的なダイエットやエクササイズのプログラムに注目し、その経緯を調べます。正しいプログラムを選ぶのに役立つでしょう。
- **コミュニティ**——この資質が高い人は、地元の伝統ある団体でボランティア活動をすることを楽しむかもしれません。他の歴史的な事柄が好きな人と一緒に働き、その地域に伝わる話を住民に共有できます。また、長く豊かな歴史がある非営利団体に参加することも充実感につながるでしょう。

公平性

Consistency

〈公平性〉の資質が高い人は、人は同等に扱われなければならないとはっきり認識しています。そのために、誰もが守ることができる明確なルールや手順、そして安定したルーティーンを必要とします。

Action items

- **キャリア**――チームが混沌とした状況に直面したときは、この資質が高い人にチームの「基準」を確立するよう頼みましょう。これにより皆、安心感や公正さ、そして自信を感じられるようになるでしょう。
- **人間関係**――この資質が高い人は、皆が同じ基準や手順に従うことができるようにして、公正さと公平さを生み出します。一定の指針はより調和のとれたチームづくりに役立ちます。若い世代のグループやスポーツチームなどを率いてみるのもよいかもしれません。
- **経済**――この資質が高い人には、「ルールを確立したい」というニーズがあります。それが、この人の経済的ウェルビーイングのカギとなります。この人のお金の使い方や増やし方は計画的なので、会社の報酬制度が変更になると混乱を生むかもしれません。そのときは、助けてくれる福利厚生の担当者を紹介しましょう。
- **身体**――この資質が高い人はスケジュールやルールを決め、それを守ることが好きです。自分でコントロールできる継続的なフィットネスや健康ルーティーンを決めると生き生き取り組むでしょう。明確な計画を守ることで、ウェルビーイングを高めます。
- **コミュニティ**――この資質が高い人がルールや基準を導入することで、改善につながる目的や非営利団体はないでしょうか。それに関わることは、その目的と、自身のウェルビーイングの両方に大きく貢献するでしょう。

個別化

Individualization

〈個別化〉の資質が高い人は、ひとりひとりが持つ独自の個性に惹きつけられます。どうしたら異なる個性を持つ人々が一緒に、生産的に働けるかがわかる才能を持っています。

Action items

- **キャリア**――この資質が高い人は、ひとりひとりがどのように違うか、わかります。「この仕事に最適な人は誰か」と聞くと、喜んで語ってくれるでしょう。
- **人間関係**――友人や家族は、この資質が高い人が自分の趣味や関心事によく気を留めてくれたり、自分にぴったりのプレゼントをくれることに感謝しています。職場では、チームの誰かが成果を上げたときに、その人が一番望む承認のされ方を見極めるのを助けてくれるでしょう。
- **経済**――この資質が高い人のお金や財務に、画一的な方法を適用しようとすると、イライラされるでしょう。この人のニーズと目標を、きちんと理解してくれるファイナンシャル・アドバイザーを見つけましょう。
- **身体**――この資質が高い人は、健康やウェルネスに関しても、自分に合ったやり方を好みます。栄養士やパーソナルトレーナーが、自分の目標に合わせてプログラムを作ってくれれば、わくわくして取り組めるでしょう。
- **コミュニティ**――募金を運営する適任者は誰でしょうか。バザーや、年1回の会員募集の活動、子供博物館の受付などにぴったりなのは誰でしょうか。この資質が高い人にはわかるはずです。喜んで教えてくれるでしょう。

コミュニケーション

Communication

〈コミュニケーション〉の資質が高い人は、自分の考えを簡単に言語化できます。会話もプレゼンテーションもうまく進めることができます。

Action items

- **キャリア**――この資質が高い人は、他の人と話して理解し合うことで深く満たされます。生来、発表や話し上手であることが多いです。ストーリーを語る才能を、チームのモチベーションを高めるために活かすことができると、ウェルビーイングも大きく高まるでしょう。
- **人間関係**――チームでの集まりや四半期ごとのイベントなどで、この資質が高い人にチームの成功を共有してもらう時間を設けましょう。人を惹きつける、心をつかむ承認の仕方をしてくれるでしょう。
- **経済**――この資質が高い人は声に出すことで自分の考えをまとめます。信頼できそうな相手と、将来の経済的なビジョンや戦略について話す機会を設けるのもよいでしょう。
- **身体**――この資質が高い人は他の人と会話することで力が湧き、元気になります。ですので友達と一緒に運動することを提案するのもよいでしょう。ハイキング、サイクリング、ウォーキングなど、誰かと一緒に運動しながら自分の考えを語ると効果的でしょう。
- **コミュニティ**――この資質が高い人は、言葉に自分の思いや感情を乗せることができます。それを認識しておきましょう。この人の心にある大義を力強い声で発信することを考えてもらいましょう。そのメッセージ力は強く、きっと人々を行動に向かわせるでしょう。

最上志向

Maximizer

〈最上志向〉の資質が高い人は、自然と人の強みに目がいきます。それが、人やグループを最高の状態に高める最善の方法だからです。「とてもよい」ものを「すばらしい」状態にしようとします。

Action items

- **キャリア**——この資質が高い人には、あなたの一番うまくいっていて、かつ最も重要な仕事を任せましょう。生き生きと、「よいプロジェクト」を、「特別」なものに変えてくれるでしょう。
- **人間関係**——この資質が高い人は、他人が持っている潜在的な可能性を見抜きます。他の人はその天性の能力に惹きつけられるでしょう。最高のものをさらに磨き上げることで、最も満たされます。
- **経済**——この資質が高い人は、自分がした投資を最大化しようとします。そしてよい資金計画をさらによいものにしたいと考えます。さらに、株のポートフォリオから少しでも多くの利益を得ようとするでしょう。
- **身体**——この資質が高い人はジムに入ると、他の人や、自分のルーティーンを改善する方法を探すでしょう。自分のニーズに合った最高のエクササイズやトレーニングを追求します。よき運動仲間がいれば、その人がさらによくなるように後押しするでしょう。
- **コミュニティ**——この資質が高い人には、すでにうまくいっている慈善団体や非営利団体に参加してもらい、次のステージに引き上げるように伝えてみましょう。

自我

Significance

〈自我〉の資質の高い人は、大きな反響をもたらしたいと思っています。自立心が高く、自分の組織や周囲の人々にどのくらいの影響をもたらせるかを考えて、プロジェクトの優先順位を決めています。

Action items

- **キャリア**――注目度が高い、重要なプロジェクトがあるときは、この資質が高い人にチームを率いてもらうことを検討しましょう。他の人からの期待は、最高の仕事をしようというモチベーションになるでしょう。
- **人間関係**――「肯定され、敬意を払われている」と感じられるように承認しましょう。友人や家族の輪の中で、自分が認められていると知りたいのです。同時に、人に認められたいと思うことと、人を認めることのバランスをとるようにコーチングしましょう。
- **経済**――この資質が高い人は、経済的に安定しているように見られたいかもしれません。身の丈に合った生活をし、実際よりも裕福であるかのように振る舞う必要はないと勇気付けましょう。彼、彼女らの〈自我〉は、お金を社会に還元することで役立つでしょう。
- **身体**――この資質が高い人は、健康的なお手本になりたいと思っています。健康面で新たなマイルストーンを達成したら、応援してくれている人に報告するようにさせましょう。
- **コミュニティ**――この資質が高い人は、自分が地域にどのような貢献をしているか、わかってもらいたいでしょう。人々の関心が高く、社会的な役割を担う取り組みに参加するように働きかけましょう。

自己確信

Self-assurance

〈自己確信〉の資質が高い人は、リスクをとる能力と、人生の舵をとる能力に自信を持っています。自分の中にある羅針盤が、自身の判断に確証を与えます。

Action items

- **キャリア**――この資質が高い人には、冒険的な新しい取り組みを担当してもらいましょう。この人は、自分にはそれができると知っています。生き生きと成功させるでしょう。
- **人間関係**――この資質が高い人は、人をおじけづかせることがあります。社交的な場面では、ラポール〔親密さや心のつながり〕を生むために、他の人に意見を聞いてみるように、コーチングしましょう。
- **経済**――この資質が高い人は直感に頼ります。しかし、自分の判断への自信が、金銭的なトラブルにつながる可能性があります。大きな決断をする前には、慎重に金融の専門家の意見を聞くように勧めてください。
- **身体**――この資質が高い人は、野心的な挑戦をする傾向にあります。例えばマラソンを走ったり、50マイル〔80キロ〕の自転車レースに申し込んだり、体重を減らそうとしたりするかもしれません。成果を出すよりも先に行きすぎないように、進歩を基準に従って評価するのを助けましょう。
- **コミュニティ**――この資質が高い人は、皆がどうしてよいのかわからず途方にくれているときに、彼らを感化して、行動させることができます。この人が一生懸命になれるグループに参加するよう提案しましょう。生来の自信と意欲は、人々が進む道を見つけるのを助けるでしょう。

社交性

WOO

〈社交性〉の資質が高い人は、新しい人と出会い、その人を味方につけることに挑戦するのが大好きです。誰かに心を開いてもらい、つながることから、充足感を得ます。

Action items

- **キャリア**——この資質が高い人は、初対面の人に会うと、自分のウェルビーイングが高まる経験をするでしょう。新しくたくさんの人と接することが求められる仕事をしましょう。
- **人間関係**——この資質が高い人は、このウェルビーイングでは、自然に行動をとっており、コーチングは必要ないかもしれません。強いて言えば、この強みを毎日使うように後押ししましょう。すべてのウェルビーイングの燃料となるからです。
- **経済**——この資質が高い人に、専門家と楽しい関係を築き、刺激のある会話をするようアドバイスしましょう。お金のことは時として難しく退屈ですが、取り組む助けになるでしょう。
- **体力**——この資質が高い人に、会社で毎年開催される「スポーツ大会」や「5キロマラソン」などのイベントの参加者を募るように頼んでみましょう。ひとりひとりと話して、知らない人を招待してくれるでしょう。
- **コミュニティ**——この資質が高い人は、会ったことのない人同士を結びつけることにわくわくします。天性のネットワークづくりの達人なのです。心から共鳴する目的を知り、その支持者を増やすことに才能を使うよう、コーチングしましょう。

収集心

Input

〈収集心〉の資質が高い人は、集めて保管したいというニーズを持っています。その対象は、情報をはじめ、アイデア、工芸品、さらには人間関係にまで及ぶかもしれません。

Action items

- **キャリア**——この資質が高い人は、他の人に情報を提供できると生き生きします。社内では、公式にしろ非公式にしろ、特定分野の専門家として活躍し、どのチームにとっても貴重なリソースとなるでしょう。
- **人間関係**——この資質が高い人の「役に立つ知識を共有する」能力は、身近な人たちから感謝されているでしょう。友人や家族は、よい本からレストラン、テレビドラマに関することまで、アドバイスを求めます。この資質が高い人にフィードバックを求めたら、喜んで応じてくれるでしょう。
- **経済**——この資質が高い人は、情報を収集して共有することが大好きです。同僚のために、どんな投資の選択肢があるのか、調べたことをグループに報告してもらうよう頼めば、生き生きと取り組んでくれるでしょう。
- **身体**——この資質が高い人は、メンタルおよび身体的なウェルビーイング全般に役立つ最新の研究について、喜んで集めてくれるでしょう。さらにその結果を他の人と共有することも大いに楽しむでしょう。
- **コミュニティ**——この資質が高い人に、地域の役員や顧問を務めることを勧めましょう。情報収集と共有能力を、その組織の目標に役立ててもらいましょう。

指令性

Command

〈指令性〉の資質が高い人は、存在感があります。どんな状況でも主導権を握り、意思決定を下すことができます。

Action items

- **キャリア**――生来のリーダーであるこの資質が高い人は、リーダーシップを発揮し、チームが優先順位の高い目標を達成できると、生き生きとします。白黒をはっきりつけられ、難しい決断を下せるので、マネジャーはその強い存在感を頼りにできるでしょう。
- **人間関係**――この資質が高い人は時々主張が強いことがあります。人とつながりたいときには、〈指令性〉の資質の量を調整し、共通の話題を見つけられるようにコーチングしてください。そうすることで、相手はこの資質が高い人の思いやりのある面に気づき、より多くの友情を築くことができる、と伝えましょう。
- **経済**――この資質が高い人は、自ら率先して行動することが好きです。自分で自分の財務を管理したり、同じように率直に「自分の思ったことを伝える」ようなファイナンシャル・アドバイザーと仕事をできるとわくわくするでしょう。
- **身体**――この資質が高い人は、他の人を感化し、フィットネスの目標達成をさせることに喜びを感じます。例えば、地元チームを結成してキャプテンを務めたり、職場でウェルビーイング委員会を主導したりすることができるでしょう。
- **コミュニティ**――この資質が高い人の強い存在感とリーダーシップは人々を集め、大義を支援してもらうことができます。〈指令性〉の資質を発揮して、コミュニティ組織のための寄付金を集めてもらうなど、難しい課題を頼むと、生き生きと取り組んでくれるでしょう。

慎重さ

Deliberative

〈慎重さ〉の資質が高い人は、決断や選択をする際に、注意深く検討するのが特徴です。障害を事前に予測することに長けています。

Action items

- **キャリア**――この資質が高い人は、意思決定の際に、考え抜きます。衝動的な意思決定をせず、事実を把握するために時間をかけることができ、チームにとっての財産になるでしょう。
- **人間関係**――この資質が高い人は人間関係を築くのに時間をかけます。すでに信頼している同僚と組ませると、生き生きと働くでしょう。簡単には褒めない傾向にありますが、承認は大事なことだと気づかせましょう。
- **経済**――この資質が高い人は、衝動買いとは無縁でしょう。じっくり考え、なかなか購入に踏み切りません。「投資戦略を検討するための時間が必要だ」というニーズを理解してくれるファイナンシャル・アドバイザーと出会えるとうまくいくでしょう。
- **身体**――この資質が高い人は専門家と相談しながら、ストレス解消法や、栄養や運動について最善の選択肢を見つけられると喜ぶでしょう。そうでなければ、計画を示しても確信が持てず、始めないか、続きません。徹底的に調べて吟味したプランだけがこの人をやる気にさせるのです。
- **コミュニティ**――この資質が高い人は、意図を持って問題解決へ取り組みます。それは、地域の慈善団体や非営利団体が長期的な戦略プランを注意深く考え抜く際に頼りになるでしょう。

信念

Belief

〈信念〉の資質が高い人には、変わることのない核となる明確な価値観があります。人生の目的は、そうした価値観のなかから浮かび上がります。

Action items

- **キャリア**——この資質が高い人は、核となる一連の価値観を持っていて、それが人生を決定付けていることを念頭に置きましょう。日々の仕事と、組織の大きなミッション、そして社会への貢献との間の点と点を結びつけるのを助けましょう。
- **人間関係**——この資質が高い人は「意義とコミットメントを共有している」と感じられる人と交流があると、生き生きとします。マネジャーはそれを心に留めておきましょう。そして、そのような人たちとつながる方法を探すようにコーチングしてください。
- **経済**——この資質が高い人は、自分の価値観や信念と一致した投資戦略を立てると、やる気が湧いてくるでしょう。
- **身体**——心身が健康であることが、どのように自分のミッションを遂行することにつながるのかを理解してもらいましょう。よく眠り、栄養をとり、運動をしていれば、最高の状態が保てます。ひいては家族や地域の人々の生活によい影響を与えることができるのです。
- **コミュニティ**——この資質が高い人は、自分が信じている大義をチームも支援してくれると力が湧きます。フード・ドライブを支援するために人々を集めたり、チャリティのために5キロレースに参加したり、ホームレスを支援したりなど、自分にとって最も意味があることを情熱的に語る能力があります。多くの人に目的を支持してもらうことができるでしょう。

親密性

Relator

〈親密性〉の資質が高い人は、他の人と親しい間柄になることを楽しみます。目標を達成するために仲間と一生懸命働くことで、深く満たされます。

Action items

- **キャリア**――1on1やチームミーティングは、この資質が高い人が同僚との絆を深める絶好の機会です。友情や、信頼できる人間関係を育むことが組織文化の一部となっている職場で、生き生きと働けるでしょう。
- **人間関係**――この資質が高い人は、知り合いが1人もいない、大人数のグループでは苦戦するかもしれません。けれども、最高の友人と他の機会に会えることがわかっていたり、別の仕事で関わることができれば、生き生きするでしょう。
- **経済**――この資質が高い人は、自分のファイナンシャル・アドバイザーに対しても深く実りある関係を求めます。この人は、専門知識よりもアドバイザーとの人間関係の方に価値を置くかもしれません。
- **身体**――この資質が高い人が最もやる気になるのは、会員数の多くない、こぢんまりとしたジムの会員になることです。来ている人とすぐに仲良くなるでしょう。親しい友人と一緒にフィットネスのレッスンを受けるのも楽しいでしょう。
- **コミュニティ**――この資質が高い人を地域社会に参加するようにコーチングするなら、親友を連れていくように勧めてください。親しい友人の小さな輪でつながっている限り、彼らの地域への参加に限界はないでしょう。

成長促進

Developer

〈成長促進〉の資質が高い人は、人の潜在的な可能性を見つけ、育みます。わずかな成長の兆しに気づき、進歩がわかる証を得ると満ち足りた気持ちになります。

Action items

- **キャリア**――この資質が高い人には、人を育てる天賦の才があります。潜在能力の高い従業員に意欲を吹き込んでもらいましょう。
- **人間関係**――友人や家族にアドバイスや言葉がけをするように、後押ししましょう。この資質が高い人は、成長の可能性を見抜く力があります。他人が成長する瞬間に立ち会えることで、さらなるエネルギーが湧いてくるはずです。
- **経済**――この資質が高い人は、意識が他人に向いています。ですから自分の経済的な目標にはあまり関心がないかもしれません。「お金を上手に管理することで、どのようにより多くのことを他の人に提供できるのか」を示してくれる専門家を見つけるよう勧めましょう。
- **身体**――運動や栄養、睡眠に関するよい習慣を身につけたら、ぜひその知識や経験を共有してもらいましょう。他の人の進歩に刺激を与えることを楽しむでしょう。
- **コミュニティ**――能力開発が得意なこの資質が高い人は、どんな非営利団体やチャリティ団体でも重要な役割を果たせるでしょう。他の人の成長を助け、組織やリーダーの可能性全般を見出すことができるでしょう。

責任感

Responsibility

〈責任感〉の資質が高い人は、自分がやると言ったことに対して当事者意識を持ちます。また、正直さや忠誠心など、変わらない価値観を大切にしています。

Action items

- **キャリア**——この資質が高い人はコミットメントを果たしてくれます。同僚から頼りにされるでしょう。いつも約束を守りますが、特に大きな約束を果たしたときには生き生きとするでしょう。
- **人間関係**——誰しもこの資質が高い人に安心感と誠実さを感じるでしょう。どんなに小さな約束でも、当事者意識を持ってやり抜く姿勢に、人は惹かれます。岩壁のようにしっかりした頼りになる存在なのです。
- **経済**——この資質が高い人は責任の強さから、請求書を期限内に支払ったり、予算内でやりくりすることが自然にできます。毎日、簡単に残高を確認できるように、アプリやツールを使うように勧めましょう。金銭面でもすべてのコミットメントを守れれば充実感が高まるでしょう。
- **身体**——アカウンタビリティ・パートナーがいると、やる気が高まるでしょう。相手をがっかりさせたくないからです。目標が減量であれ、睡眠時間の確保であれ、目標を友人と共有するように勧めましょう。お互いに支え合い、進捗状況を確認できます。
- **コミュニティ**——さらに大きなコミットメントを持てることを理解してもらい、この資質が高い人の〈責任感〉の資質に火をつけましょう。地域社会や国へ担っている包括的な責任を理解すると、生き生きするでしょう。

戦略性

Strategic

〈戦略性〉の資質が高い人は、ゴールにたどり着くための代替案を生み出します。どんな状況に直面しても、関連するパターンや問題点がすぐにわかります。

Action items

- **キャリア**――この資質が高い人は、情報を精査して、最適な道筋を描くことができます。他の誰も解決策が浮かばない計画を立てる必要のあるプロジェクトや課題を任せましょう。
- **人間関係**――他の人には壁となるようなことでも、この資質が高い人は前進する道を見つけます。友人や家族に戦略的なアドバイスを申し出ることを勧めてみましょう。ほぼすべての状況で、たとえそれが人間関係のことでも、選択肢や解決策を見出すことができるでしょう。
- **経済**――将来を見すえた戦略的な資金計画がないと、この資質が高い人は大きなストレスや不安を感じるでしょう。この重要なウェルビーイング項目で、この人が戦略性を発揮して計画を立てられるようにコーチングしましょう。
- **身体**――忙しい生活の中で1日1万歩を歩く。それが、全般的なウェルビーイングプランの一部に位置付けられると、達成しやすくなるでしょう。週に1回、「健康戦略の進みはどうですか？」と聞いてみましょう。
- **コミュニティ**――地域社会、近隣社会、非営利団体、慈善団体は、例外なくよりよい戦略を必要としています。この資質が高い人は、戦略的計画を求められると生き生きします。そして、どのような社会の組織からも、大いに感謝されるでしょう。

達成欲

Achiever

〈達成欲〉の資質が高い人は、熱心によく働き、スタミナにあふれています。忙しくしていたり、生産的であったりするときに深い充実感を得ます。

Action items

- **キャリア**――この資質が高い人がすばらしい成果を出せるように後押しします。進捗状況が追える、指標のある能力開発プランを一緒に立てましょう。このプランに合ったプロジェクトを探し、やってみるか尋ねてみましょう。
- **人間関係**――この資質が高い人はプロジェクトに集中していると、大切な人と関わる時間が取れないかもしれません。可能であれば、気の合う、生産的に働ける同僚をパートナーに組ませましょう。
- **経済**――この資質が高い人が経済的な目標達成に手こずっていたら、進捗状況を追える仕組みを作るのを手伝いましょう。手軽にソフトウエアやスマートフォンのアプリを使うのもよいでしょう。
- **身体**――〈達成欲〉の資質が身体のウェルビーイングに向けられている場合もあれば、そうでない場合もあります。運動、減量、毎日の歩数、栄養、睡眠などの目標について聞いてみましょう。途中経過で達成できたことが増えたら祝うようにコーチングしましょう。
- **コミュニティ**――この資質が高い人が情熱を持っているものは何でしょうか。その情熱を注いで貢献し、尽くし、生産的でいられるための、地域の団体がないでしょうか。見つけられるように後押ししましょう。

着想

Ideation

〈着想〉の資質が高い人は、アイデアを生み出すことに魅了されています。まったく異なるように見える現象の間につながりを見出すことができます。

Action items

- **キャリア**――この資質が高い人は、何に関することでもアイデアやブレインストーミングを楽しみます。突破口《ブレイクスルー》を得たいときは、自由に考えられる環境を整えると、フローに入れます。ウェルビーイングは高まり、あなたのチームや顧客に並々ならぬ貢献をしてくれるでしょう。
- **人間関係**――この資質が高い人は、同じように着想の高い人と一緒にいると、生き生きします。偉大なジャズミュージシャンたちのセッションのように、他の人の革新的な考えに感化されるのです。会議や行事など、高い創造性と革新性を生み出す刺激的な環境を見つけられるようにしましょう。
- **経済**――経済的な心配が想像力を詰まらせさえなければ、ウェルビーイングは高く保てます。身の丈にあった生活をするように丁寧にコーチングしましょう。さらに、〈着想〉でアドバイスをくれるファイナンシャル・アドバイザーがいるとよいでしょう。
- **身体**――運動をしながら話をしたり、アイデアを出し合ったりできるパートナーを探すことを勧めてみましょう。1人でするなら、運動しながら大事なテーマについて思いをめぐらせる時間にすることを提案してみましょう。
- **コミュニティ**――この資質が高い人にとっての最高の日は、本当に大きなアイデアを思いついたときです。難易度の高い、革新的なチャレンジを与えられると生き生きします。例えば、観光客や投資家を呼び込み、町に活気を取り戻すために、川沿いに遊歩道を整備するといったような壮大なアイデアを思いつくかもしれません。

調和性

Harmony

〈調和性〉の資質が高い人は、チームメンバーの意見を確認し、合意するために働きかけます。対立は好きではありません。それよりも、全員が一致できる部分を探します。

Action items

- **キャリア**――この資質が高い人は共通点を見つける生来の能力があります。最近、仕事で意見の対立を合意に導き、平和をもたらしたときのことを尋ねましょう。そして、チームが協力して結果を出せるように、力を貸してくれるよう頼みます。きっとやる気が高まるでしょう。
- **人間関係**――この資質が高い人は、基本的な関心や価値観が一致しているグループにいると、生き生きします。人間関係における対立は、ストレスのもとになります。視点が似た人たちと過ごす時間が持てるようにしましょう。
- **経済**――この資質が高い人は、自分が大事な意思決定を下さなければいけないときに複数の意見があると、ストレスを感じるかもしれません。そんな時は、複数ではなく、1人の専門家のアドバイスを検討してみましょう。
- **身体**――この資質が高い人は、争いによって受けたストレスを解消する方法を知っておく必要があります。ストレスを解消し、心の平穏を保つために、どのような方法が一番効果的か、本人と一緒に考えてみましょう。そして、それを毎日実行するようにコーチングしましょう。
- **コミュニティ**――この資質が高い人には、問題や対立を中心とした組織ではなく、自分の価値観に合ったコミュニティの組織を見つけるように勧めてください。例えば、政治団体や特定の利益団体というよりは、奉仕的な役割につくと、ウェルビーイングは非常に高まるでしょう。

適応性

Adaptability

〈適応性〉の資質が高い人は、流れに身を任せることを選びます。「いま」を生き、起こったことをあるがままに受け入れて対応します。この人にとって未来は、一瞬を積み重ねた先に現れるものなのです。

Action items

- **キャリア**――この資質が高い人は、組織に大きな変動があったり、チームの優先順位が変わったりしたときにも、落ち着いていて、穏やかである傾向があります。チームに変化があるときには、チームミーティングでこの人に話をふりましょう。「どうなるのだろう」と不安を抱えている人の気持ちを和らげることができます。
- **人間関係**――他の従業員と協力して全社的なイベントを企画するような、台風のように慌ただしい事態でも、この資質が高い人は穏やかな凪をもたらすことができます。同僚が不安を抱えていても、「何があっても何とかなる」「イベントは成功する」と思わせることができます。
- **経済**――この資質が高い人は、家の購入や老後の生活設計といったような、大きな出費に備えて貯金することには少し手こずるかもしれません。いまを大切に生きているのです。ファイナンシャル・プランナーはこの人のよきパートナーとなり、長期はもちろん、レジャーや家族旅行などの娯楽のための短期目標を立てるのも助けてくれるでしょう。
- **身体**――この資質が高い人は、綿密にきっちりトレーニングの計画を組み、それに沿って進めようとしても、あまり乗り気になれないかもしれません。それよりも、グループの一員として、自分が来ることを期待してくれたり、時には違うことをしたいと思う日があることを理解してくれたりする方が、プログラムを続けられる可能性が高くなります。
- **コミュニティ**――この資質が高い人は「いま、この瞬間にある」ことが好きで、前もって計画を立てることにはあまり気持ちが動かないことを覚えておいてください。地元で開催されるイベントをカレンダーで見て、直前に決める方がわくわくするでしょう。

内省

Intellection

〈内省〉の資質が高い人は、知的な活動をするのが特徴です。自分の思考を内面で深く顧みることが多く、同時に知的な議論を楽しみます。

Action items

- **キャリア**――この資質が高い人が熟考できる自由を与え、その知性を最大限発揮できる機会を探しましょう。新しい情報、初めての人やプロセスに触れたら、アイデアや意見をまとめる前に、進め方について「1人で考え抜く」時間をもらえると、感謝するでしょう。
- **人間関係**――この資質が高い人は1人の時間と、熟考する時間を必要とします。ですから読書や、ドキュメンタリー番組も1人で見るのが好きかもしれません。一方で友人や家族とは、読書会や、日曜日を美術館で過ごすことですばらしい時間を持つでしょう。
- **経済**――この資質が高い人は、株や借金返済法等について、徹底的に学ぶことを楽しみます。本やウェブサイトなどで、深く学びを追求することにわくわくします。また、著名な金融専門家のポッドキャストを探すよう勧めてもよいかもしれません。
- **身体**――この資質が高い人が惹きつけられるのは、例えば自然の中をハイキングしたり、瞑想したり、プールで泳いだりする、考える時間を持てるものでしょう。また、免疫機能を高め、精神的に鋭い状態を保つため、必ず十分な休息をとることも大事かもしれません。
- **コミュニティ**――この資質が高い人は、知的な会話や議論に価値を置いているので、はっとするような質問をして、他の人の考え方や行動を変えることができます。地域の自治会など、現実に影響を与える、実りある議論ができる場にやりがいを感じるでしょう。

分析思考

Analytical

〈分析思考〉の資質が高い人は、理由や原因を追求します。状況に影響を及ぼし得るすべての要因を考える能力があります。

Action items

- **キャリア**——この資質が高い人は細部にこだわることが大好きです。新しい取り組みを始める際には、同僚の思考パートナーとしてデータやリソースからあらゆる可能性を精査してもらいましょう。チームが動き始める前に、考え抜かれた戦略を必ず持てるようにしてくれます。
- **人間関係**——戦略や洞察力を伴うゲームや会話から、人とつながりましょう。同僚や友人、家族と一緒に、新しい事実や知識を得たり、問題解決をすることで、喜びを見出すことができます。
- **経済**——この資質が高い人は、データの中にパターンを見つけるとわくわくします。そのスキルを、自分自身の財務状況の分析や、短期・長期目標の達成に応用できるようにコーチングしましょう。
- **身体**——この資質が高い人は、自分のフィットネスや健康目標の背景にある科学を学び、日々の生活における選択がどう成果につながるかを理解するのが好きです。最新の知見をどのように活用しているのか、わかったことをチームで共有してもらいましょう。
- **コミュニティ**——データ分析力を活かして、コミュニティのプロジェクトが機能するかどうか、どうすればよりよくなるかを示すことができます。

包含

Includer

〈包含〉の資質が高い人は、他者を受け入れます。輪に入れていないと感じている人の存在に気づき、仲間に入れようと努力します。

Action items

- **キャリア**——この資質が高い人はとても平等主義です。職場の誰にも、「自分はここで受け入れられている」と感じてほしいと思っています。誰も置いていかれていないと、生き生きします。世界の職場はかつてないほど〈包含〉を必要としているのです。
- **人間関係**——この資質が高い人は、他の人に「自分は歓迎されている、受け入れられている」と感じさせられる天賦の才があります。この才能は人を惹きつけます。
- **経済**——この資質が高い人は他の人を歓待するでしょう。時に親切すぎるほどに。夕食や集まりに多くの人を招待してしまい、痛い出費になることがあります。やりすぎないことも大事であると、コーチングしましょう。
- **身体**——この資質が高い人は、どんな局面でも人を巻き込むのが好きです。この資質を発揮するようコーチングして、グループでの運動やエクササイズを準備してもらい、皆が参加できるようにしましょう。
- **コミュニティ**——この資質が高い人は、さまざまな人が意見や関心を共有できるタウンホールミーティングや地域のイベントをまとめるのが得意でしょう。頼まれたら、きっと生き生きして取り組むでしょう。

ポジティブ

Positivity

〈ポジティブ〉の資質が高い人は、熱意を周囲に伝播させます。前向きで、自分がやろうとしていることに対して、周囲を乗り気にさせたり、心待ちにさせたりすることができます。

Action items

- **キャリア**――仕事で難しい局面になっても、この資質が高い人はそこにチャンスを見出すことができます。前向きなエネルギーと意欲を自然にチームにもたらして、同僚のやる気を保ってくれるでしょう。
- **人間関係**――この資質が高い人は、他の人を応援することに喜びを感じます。どんな小さな成果でも、それがとてもすばらしいことだと思わせることができます。他の人はこの人と一緒にいると自分のことをよりよい存在のように感じることができるのです。一方、当人はネガティブな人と一緒にいるとエネルギーが落ちてしまうので、最低限にするように話しましょう。
- **経済**――この資質が高い人は、自分の財務ポートフォリオの中に、ポジティブな成果を見つけます。―時にポジティブすぎるほどに。彼らを常に地に足をつけさせる、しっかりしたファイナンシャル・アドバイザーが強い味方になるでしょう。
- **身体**――この資質が高い人の前向きな態度は、どんなエクササイズのグループにとってもかけがえのないものです。そして人を元気にすることで、この人もエネルギーを得るのです。
- **コミュニティ**――この資質が高い人のわくわく感は伝播し、人が惹きつけられてきます。どんな目的にも、特に自分が心から求める目的のためには、並外れたポジティブな貢献をするでしょう。

未来志向

Futuristic

〈未来志向〉の資質が高い人は、もし未来がこうなっていたら、ということに思いを馳せることで、意欲やひらめきを得ます。未来へのビジョンを語ることで、周囲の人をわくわくさせます。

Action items

- **キャリア**――この資質が高い人は、頭の中で未来に生きることができると、わくわくします。目の前の業務はどんな未来につながっているのか、結びつけるように頼んでみましょう。未来のビジョンを語ることで、チームや顧客に力を与えてくれるでしょう。
- **人間関係**――この資質が高い人が社交面で活発になるのは、他の人と未来について刺激的な会話ができるときです。同じように未来に目が向く友人や仲間を探すように勧めましょう。
- **経済**――短期的なお金に関する意思決定が、長期的な経済的安定にどのように影響するか、という観点から考えてもらうと考えが進むでしょう。
- **身体**――この資質が高い人が健康上の目標を達成するためには、今日、そこに向けて行動をとるように後押ししましょう。今日とる行動が20年後につながっていることが見えれば、きっとうまくいくはずです。
- **コミュニティ**――この資質が高い人は、地域社会のよりよい未来を描くことにわくわくします。そしてそれは、義援団体や非営利団体にもエネルギーをもたらします。彼らのビジョンや意欲に、たくさんのボランティアや寄付が集まるでしょう。

目標志向

Focus

〈目標志向〉の資質が高い人は、方向性を定め、そこに向かって一直線に走り抜けます。また、ゴールへの軌道から外れないように必要な調整を行うことができます。優先順位をつけてから行動します。

Action items

- **キャリア**——プロジェクトの進行中にチームが軌道から外れてしまったら、この資質が高い人に頼んでみましょう。皆を上手に元に戻してくれるでしょう。その結果、優先順位をつけて、期限通り終わらせることができるでしょう。
- **人間関係**——この資質が高い人は、個人的な目標にしろ、仕事上の目標にしろ、ゴールに到達することだけに注意が向くあまり、人間関係に気がいかなくなることがあります。そのとき、その瞬間に一緒にいる人に注意を払えるようにコーチングしましょう。
- **経済**——長期的な資金計画を立てるように勧めてください。その計画の中で、さらにどのような個別の目標を立てればいいのかをアドバイスすれば、着実にやり遂げるでしょう。
- **身体**——この資質が高い人には体重を減らすこと、ストレスを減らすこと、睡眠を改善すること、または血糖値を下げることなど、達成したいことがいくつかあるでしょう。1つの目標に集中させましょう。それが、最良の結果につながります。
- **コミュニティ**——この資質が高い人が地域社会や人々の生活に最も大きな影響を与えることができるのは、複数のことではなく、1つのことに貢献するときです。1つの目的のために集中力を注ぐことができたら、生き生きとするでしょう。

付録2

マネジャー・リソース・ガイド

ウェルビーイングの5つの要素

Manager Resource Guide to the Five Elements of Wellbeing

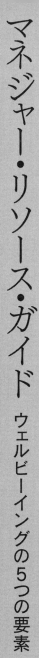

日々最高のパフォーマンスを発揮する、エンゲージして、生き生きとした従業員。ウェルビーイングは、そんな従業員を育てるために必要なきっかけを組織に提供します。従業員のウェルビーイングは、企業のパフォーマンスのあらゆる側面に影響を与えます。

このガイドを使って、ウェルビーイングの5つの要素である「キャリア・人間関係・経済・身体・コミュニティ」のそれぞれについて詳しく学びましょう。記載されている質問は、自分自身のウェルビーイングや、周りの人のウェルビーイングを高めるのに役立つでしょう。より的確な質問を投げかけ、従業員の話に効果的に耳を傾けることで、チームのウェルビーイングを高めてください。

Career Wellbeing

キャリア・ウェルビーイング 日々していることが好き

キャリアのウェルビーイングが高い人は、毎朝、その日にやることを楽しみに起きます。働いているのが家であろうが、オフィスや教室、または自分の部屋であろうが、自分の強みを活かす機会が毎日あり、日々進歩する機会があります。自分の人生に目的があり、目標を達成するための計画があります。多くの場合、将来を楽しみにさせてくれるリーダーやマネジャー、そして情熱を分かち合う友人がいます。

次の質問を、自身への洞察《インサイト》、会話のきっかけ、ディスカッションなどに活用しましょう。そして、誰もがキャリア・ウェルビーイングが高い職場作りに役立てましょう。

自分への質問

- 仕事で一番楽しいと感じることは何ですか？
- 今日はどんな目標を達成しますか？
- 今日これから1日の予定を考えてみたとき、一番力を与えてくれるのは何ですか？

●自分が今日することは、組織全体のミッションや目的にどのようにつながっていますか？
●今日は自分のどの強みを活かせますか？
●目的や目標に関して、チームに共有すると利益となる追加情報はありますか？
●チームメンバーにとって、将来のビジョンははっきりしていますか？　より明確にするには、どこをどのようにすればよいですか？
●チームメンバーが成果を達成したら、きちんと祝福するように後押ししていますか？
●ひとりひとりの能力開発の目標と、チームのプロジェクトを一致させるにはどうしたらよいですか？
●メンバーが毎日強みを活かすためには、どうサポートすればよいですか？

チームメンバーへの質問

●仕事でうまくいっていることの中で、一番うまくいっているのは何ですか？
●もし、あなたが何か1つ改善できるとしたら、何ですか？
●私たちの仕事は、チームとしてどうしたら目的を達成できるでしょうか？
●今日のあなたの仕事は、どのように自分自身の目的を果たすことにつながりますか？
●あなたが最も力が湧くのは、職務のどんなことからですか？

ベストプラクティスから行動する

- 自分の役割の中で、最も充実している部分を特定し、それをより頻繁に行う機会を探す。
- 仕事上で、一緒にいると楽しい人たちと過ごす時間を増やす。
- 自分の強みを活かせる活動に毎日参加する。
- 目的が満たされたときをしっかりとらえて、祝う。
- 1日の終わりに振り返って、自分が達成したことに感謝する。
- 誰があなたとミッションを共有していて、成長を後押ししてくれるか把握し、その人と過ごす時間を増やす。

Social Wellbeing

人間関係ウェルビーイング 人生を豊かにする友がいる

人間関係ウェルビーイングが高い人には、人生をより生産的で楽しいものにしてくれる親しい人たちがいます。自分の成長を後押ししてくれる人たちに囲まれているのです。彼らは意識的に、平均して1日に約6時間、人間関係に時間を割いています。集まったり、旅をする時間も確保し、人間関係をさらに深めています。結果として、人間関係ウェルビーイングが高い人にはすばらしい人とのつながりがあり、それが日々の前向きな力になっているのです。

次の質問を、自身への洞察、会話のきっかけ、ディスカッションなどに活用しましょう。そして、誰もがキャリア・ウェルビーイングが高い職場作りに役立てましょう。

自分への質問

- どうすれば、最も大切な人たちに、自分が気にかけていることが伝わるでしょうか？
- 今日はどうしたら、友人や同僚と少しでも多くの時間を過ごせるでしょうか？
- 連絡すると喜んでくれる人は誰でしょうか？

- どうすれば誰かに友情やサポートをもたらすことができますか？
- 自分はどのようにして、チームの人間関係ウェルビーイングの手本となっているでしょうか？
- 今日、誰かに感謝の気持ちを伝えるためにできることは何でしょうか？
- どうすればチームメンバーが交流する機会を増やせるでしょうか？

チームメンバーへの質問

- チームとして私たちは十分に交流する時間が取れていると思いますか？
- 今日、あなたのサポートと配慮を必要としているのは誰ですか？
- 個人的な成功や仕事上の成功を、どのようにして祝福し合っていますか？
- お互いの人間関係ウェルビーイングを高めるために、どのようにサポートし合いますか？

ベストプラクティスから行動する

- 人々がお互いの仕事や生活についてわかり合える機会を設ける。
- お互いのプライベートの趣味や関心事を知るようにする。
- お互いに個人的に成功したことや、仕事上で成功したことを祝う。
- 個人的な目標を共有する。それによりチームメンバーがサポートや励ましを与えられる。

●チーム内の交流を企画して、日時を設定する。

●友人や家族、同僚と、1日6時間を交流できるようにする。この時間には、仕事中でも家にいるときでも、電話やメールによるコミュニケーションも含まれる。

●社交的な時間と体を動かすことを兼ねる。例えば、友人と一緒に長い距離を歩いてみることで、お互いに健康へのモチベーションを高めることができる。

Financial Wellbeing

経済的ウェルビーイング　上手にお金を管理する

経済的ウェルビーイングが高い人は、自分の資産やお金をうまくやりくりし、お金を賢く使っています。物ではなく経験を買ったり、いつも自分のためばかりに使うのではなく、人と分かち合います。そして基本的には、全体的な生活水準に満足しています。考えて行動し、それがうまくいっているので、経済的な安定につながり、借金による日常的なストレスや心配が少なくなっているのです。これにより、やりたいことをやりたいときにできます。さらに経済的な自由を得て、好きな人たちとより多くの時間を過ごすことができます。

次の質問を、自身への洞察、会話のきっかけ、ディスカッションなどに活用しましょう。そして、誰もがキャリア・ウェルビーイングが高い職場作りに役立てましょう。

自分への質問

- 経済的な目標は何ですか?
- それを達成するために、どんなツール、スキル、リソースを新たに入手すればよいですか?

●どんな新しい取り組みをし始めたら、経済的ウェルビーイングは上がるでしょうか?
●今日何をしたら、自分の長期的な経済的目標の役に立つでしょうか?
●従業員と報酬について話し合う際に、公平性や公正性を感じさせるにはどうすればよいですか?
●どんな機会を設けたら、チームメンバーの財務状況を改善できるでしょうか?
●チームメンバーがお互いに財務戦略を学べるように話し合いを始めるにはどうしたらよいですか?
●自分のチームは、組織的にどのような財源が利用できるかを知っていますか?

チームメンバーへの質問

●私たちは、メンバーが楽しい経験をするように、例えば旅行のための休みを積極的にとるように、後押しし合っているでしょうか?
●資産運用について学べる機会があるでしょうか?
●お金の目標を達成するために、お互いがどのようにサポートすることができるでしょうか?
●経済的ウェルビーイングを高めるために、自分のお金の使い方の習慣で、修正できるところはありますか?
●経済的ウェルビーイングの戦略を互いに学び合うために、一番よい方法は何でしょうか?

ベストプラクティスから行動する

- 費用対効果が高く、節約に役立つような新しい習慣はあるか、皆でブレインストーミングをしてみる。
- 外食ではなく、家からお弁当を持ってくるのを奨励してみる。
- チームメンバーが経済的に何か達成したら、祝い合う。
- 経験を買う。例えば、友人や家族との旅行など。経験は永遠に残るが、物を購入しても消えていく。
- 自分のためだけにお金を使うのではなく、人のためにお金を使う。
- 日々のお金の心配を減らすために、デフォルトの仕組み（支払いや貯金の自動化）を作る。

Physical Wellbeing

身体的ウェルビーイング やり遂げるエネルギーがある

身体的なウェルビーイングの高い人は、自分の健康をうまく管理しています。定期的に運動をしているので、気持ちも晴やかです。また、食生活にも気を配り、1日中エネルギーを維持し、思考力を高めています。前日に学んだことを消化するために十分な睡眠をとり、次の日によいスタートを切ることができます。身体的に生き生きと健康な生活を送っている人は、気分もよく、長生きできます。

次の質問を、自身への洞察、会話のきっかけ、ディスカッションなどに活用しましょう。そして、誰もがキャリア・ウェルビーイングが高い職場作りに役立てましょう。

自分への質問

- 今日、エネルギーをより高めるために何ができますか？
- 心身ともにとても元気だった日のことを思い出してみましょう。それらの日に何か共通点はありますか？

●身体的ウェルビーイングの目標に近づくために、どんな新しい習慣を始められるでしょうか？
●仕事のある平日や就労時間内にエクササイズを取り入れるにはどうしたらいいでしょうか？
●自分の身体的ウェルビーイングを設定した目標に近づけるには、何の助けが必要でしょうか？
●チームメンバーの身体的ウェルビーイングをサポートするために、今日できることは何ですか？
●チームメンバーが仕事中にもっと体を動かすようにするにはどうしたらいいでしょうか？

チームメンバーへの質問

●私たちのオフィスの間取りや仕事のスケジュールは、どのような形で私たちの身体的ウェルビーイングの目標をサポートしていますか？
●どうすればお互いの身体的ウェルビーイングをサポートできるでしょうか？
●1日の中で、身体的ウェルビーイングの要素に取り組めるのはいつでしょうか？
●仕事上で、身体的ウェルビーイングの障害になるものがあるとすると何でしょうか？

ベストプラクティスから行動する

●チームミーティングや毎月のカレンダーに身体的ウェルビーイングの活動を加える。
●ミーティングを可能な限り「歩きながら話す」スタイルにして、座りっぱなしを避ける。

●1日のうちに、身体的ウェルビーイングのための、短い休憩時間を設けて、座っている時間が長くならないようにする。
●身体的ウェルビーイングに取り組んだら、報告する相手になってもらうようにチームメイトに頼んでみる。
●地域で身体的ウェルビーイングに関連するイベントがあったら、誰かと一緒に参加する。
●1日に20分以上の運動をする。1日中よい気分を保つには、朝が理想的。
●よく休んだと感じるのに十分な睡眠時間（通常7～8時間）をとろう。ただし、長すぎても（9時間以上）よくない。
●食料品を買うときは、建設的なデフォルト値を設定する。例えば、加工された食品ではなく、自然食品を買うとよい。

Community Wellbeing

コミュニティ・ウェルビーイング 住んでいるところが好き

コミュニティのウェルビーイングが高い人は、自分の住んでいる場所が安全で安心だと感じています。自分のコミュニティに満足し、取り組みの方向性も正しいと感じています。その結果、社会に何か還元したい、長続きする貢献をしたいと考えるようになります。自分の強みや情熱に基づいてボランティアとして関われる活動を見つけ、その関心を他の人にも伝えて、適切なグループや活動につなげていきます。彼らの地域社会への貢献は、最初は小さなものかもしれませんが、時間が経つにつれ、さらに参加するようになり、参加者も増え、大きな影響を与えるようになります。こうした努力によりそれなしで生活することは想像できないくらいのコミュニティが生まれるのです。

次の質問を、自身への洞察、会話のきっかけ、ディスカッションなどに活用しましょう。そして、誰もがキャリア・ウェルビーイングが高い職場作りに役立てましょう。

自分への質問

- どういう点で、自分の住んでいる場所に満足していますか？
- どうすれば自身のコミュニティはもっとよくなるでしょうか？　自分は何を変えるのに役立てるでしょうか？
- 自分が参加したら楽しいと思う地域のイベント、または活動を1つ挙げるとするなら、何ですか？
- 自分の情熱や関心を、どのようにして地元の企業や組織に応用できるでしょうか？
- 自分の組織やチームのコミュニティへの参加を、どのような形で承認したり称賛できるでしょうか？
- 地域のイベントにチームメンバーが参加するのをもっとサポートするにはどうしたらいいでしょうか？

チームメンバーへの質問

- あなたがコミュニティで情熱を感じることは何ですか？
- コミュニティにはどのように参加することができるでしょうか？

●私たちが共有している地域社会の利益は何ですか?
●地域社会への支援を示すために、チームとしてできることは何ですか?
●どうすれば、地域社会に対して、組織の親善大使になれるでしょうか?
●私たちが日々行っている仕事は、地域社会にどのような影響を与えているでしょうか?

ベストプラクティスから行動する

●チームで情熱を持って取り組める地域のイベントに、ボランティアとして参加しよう。
●チームの目的にとって重要な地域の組織で、ボランティアや役員を務めよう。
●チームの目的を共有する地域団体と、パートナーシップを築こう。
●あなたの個人的なミッションに基づいて、どのように地域社会に貢献できるだろうか。
●あなたの情熱や関心事を話そう。それを聞いた人は、関連するグループや活動にあなたをつないでくれるだろう。
●コミュニティグループやイベントに参加しよう。小さなことでも、いまから始めよう。

テクニカルレポート ギャラップのウェルビーイング5つの要素の研究と開発

付録3

Technical Report: The Research and Development of Gallup's Five Elements of Wellbeing

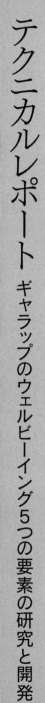

目的

ギャラップがウェルビーイングの5つの要素を開発した目的はまず、最新の科学を用いて、包括的で、信頼性が高く、有効で、簡潔で、実行可能な一連の構成要素をまとめ、それらを経営者や個人に洞察を提供し、長期的にウェルビーイングを追跡できるようにすることである。研究者チームは、多様な生活環境にある人々のウェルビーイングの差を説明し、かつ個人がウェルビーイングを高めるために行動できる領域を示す、ウェルビーイングの次元を特定しようとした。ウェルビーイングとは、「私たちが自分の生活や人生をどのように考え、どのように経験するかにとって重要なすべてのこと」である。

測定ツールの設計の歴史

ウェルビーイングの5つの要素の開発は、5つの反復プロセスまたはフェーズで行われた。
フェーズ1――過去のギャラップウェルビーイング調査のレビュー
フェーズ2――ギャラップグローバル調査と分析
フェーズ3――ウェルビーイング構成要素のパイロット調査

パイロット1――多様なグループでの項目テスト
パイロット2――国際的なサンプルを用いた測定法／構成要素の改良
フェーズ4――ウェルビーイング5つの要素の各国対象メタ分析
フェーズ5――追加確認分析

フェーズ1――過去のギャラップウェルビーイング調査のレビュー

ギャラップの5つのウェルビーイング要素測定の質問の基礎は、1930年代に始まったジョージ・ギャラップ博士とその同僚たちの研究に基づいている。1960年、ギャラップ博士は「長寿の秘訣」と題した研究と後には書籍を発表した。ギャラップによるウェルビーイングや人間のニーズと満足度に関する研究は、1960年代、1970年代、1980年代にわたり継続された。

1990年代、ギャラップは一連の画期的な調査を開始した。ひとつは1994年に中国で開始された全国規模の調査で、中国での他の世論調査にはるかに先駆けて開始された。また、1996年にはインドで同様の全国調査を開始し、1999年にはイスラエルとパレスチナ自治区でベースライン調査を実施した。また、1990年代には、地域社会の活力や生活満足度に関する調査も実施している。2001年から2007年にかけて、ギャラップは、イスラム教徒が多い国や、イスラム教徒の人口が多い国の住民を対象に、何万人ものインタビューを行った。2005年には、初の本格的なグローバル調査（150カ国以上、世界の成人人口の98％以上を対象）を開始し、現在も継続中である。

ギャラップの過去の調査から得られた多くの質問項目が、ウェルビーイング測定の質問文に使用されたり、影響を与えたりしている。これらには、安全、食料、住居などの基本的なニーズを測定する質問や、仕事の質、健康、人間関係、経済、コミュニティへの参加など、より高度なニーズを測定する質問が含まれている。質問は、信頼性、妥当性、および（政策的な問題ではなく）個人的な介入への適用性の証拠について検討された。

フェーズ2――ギャラップグローバル調査と分析

ギャラップのグローバル調査の開発に先立ち、何千もの質問が検討された。最初のパイロット調査では、回答者が30～35分で回答できる130項目を用意した。この調査はその後、統計的分析に基づいて改良され、回答者が20～25分で回答できる100項目を含むようになった。評価された7つの中核的な指標は、「法と秩序」「食料と住居」「仕事」「個人の経済」「個人の健康」「市民の参加」「ウェルビーイング」である。今回のグローバル調査では、それぞれ信頼性と妥当性の証拠を検証した指標を大幅に追加している。

サンプリングとデータ収集方法

一部の例外を除き、すべてのサンプルは確率論に基づき15歳以上の居住者人口の全国無作為抽出代表である。対象地域は、農村部を含む国全体であり、サンプリング枠は、国全体の15歳以上の施設に入っていない民間人全体を表している。例外として、取材スタッフの安全が脅かされる地域、一部の国の人口の少ない島々、取材スタッフが徒歩、動物、小型船でしか行けない地域などがある。

電話調査は、電話加入率が人口の80％以上を占めている国や、電話による調査が慣例的な調査方法である国で使用されている。中欧・東欧や、中南米、旧ソ連諸国、アジア、中東、アフリカなどの発展途上国では、対面式の地域枠調査が行われている。

ある国で行われる典型的なグローバル調査は、少なくとも1000人の個人を対象とした調査で構成されている。一部の大国では、主要都市や特別な関心のある地域でオーバーサンプルを集めている。頻度は低いが、サンプル数が500から1000の間になる場合もある。

世界調査の対象が膨大であること（現在は世界人口の98％以上）に加え、多様な視点からウェルビーイングの概念を考察している。

歴史的に見て、ウェルビーイングの定義は2つに大別される。第1は、所得、GDP、平均寿命、貧困率などの伝統的な新古典派の尺度で構成されている。第2は、人々が「自分の生活についてどのように感じているか」を測定しようとする主観的または心理的なウェルビーイングの測定法である。最近の研究によると、第2に関しても、2つに分けられる。評価または「記憶する自己」を用いる測定と、「経験する自己」を用いる測定である。

ウェルビーイングの異なる尺度

ノーベル賞受賞者のダニエル・カーネマンとイリノイ大学アーバナ・シャンペーン校のエド・ディーナー心理学教授は、現代のウェルビーイングの概念に影響を与えてきた。ディーナーは、「Guidelines for National Indicators of Subjective Well-Being and Ill-Being」という学術論文の中で、主観的な幸福を「人々が自分の人生について行う、肯定的にも否定的にも、さまざまな種類の評価のすべて」と定義している。人生の満足度や仕事の満足度、興味や関心、人生の出来事に対する喜びや悲しみなどの感情的な反応など、反射的な認知的評価も含まれる。同様に、カーネマンは書籍『The Science of Well-Being —— Integrating Neurobiology, Psychology, and Social Science』（未訳）の中で、「経験的なウェルビーイング」と「評価的なウェルビーイング」の区別に注目している。

経験的なウェルビーイングとは、瞬間的な感情状態や経験に対するリアルタイムでの感じ方に関係し、評価的なウェルビーイングとは、経験が終わった後の記憶の仕方に関係している。経験的ウェルビーイングは、判断や記憶の影響を回避しようとするもので、これまでは経験サンプリング法や1日を再現する手法を用いて測定されてきた。これらの方法は、被験者の即時的な経験

ウェルビーイングの異なる尺度

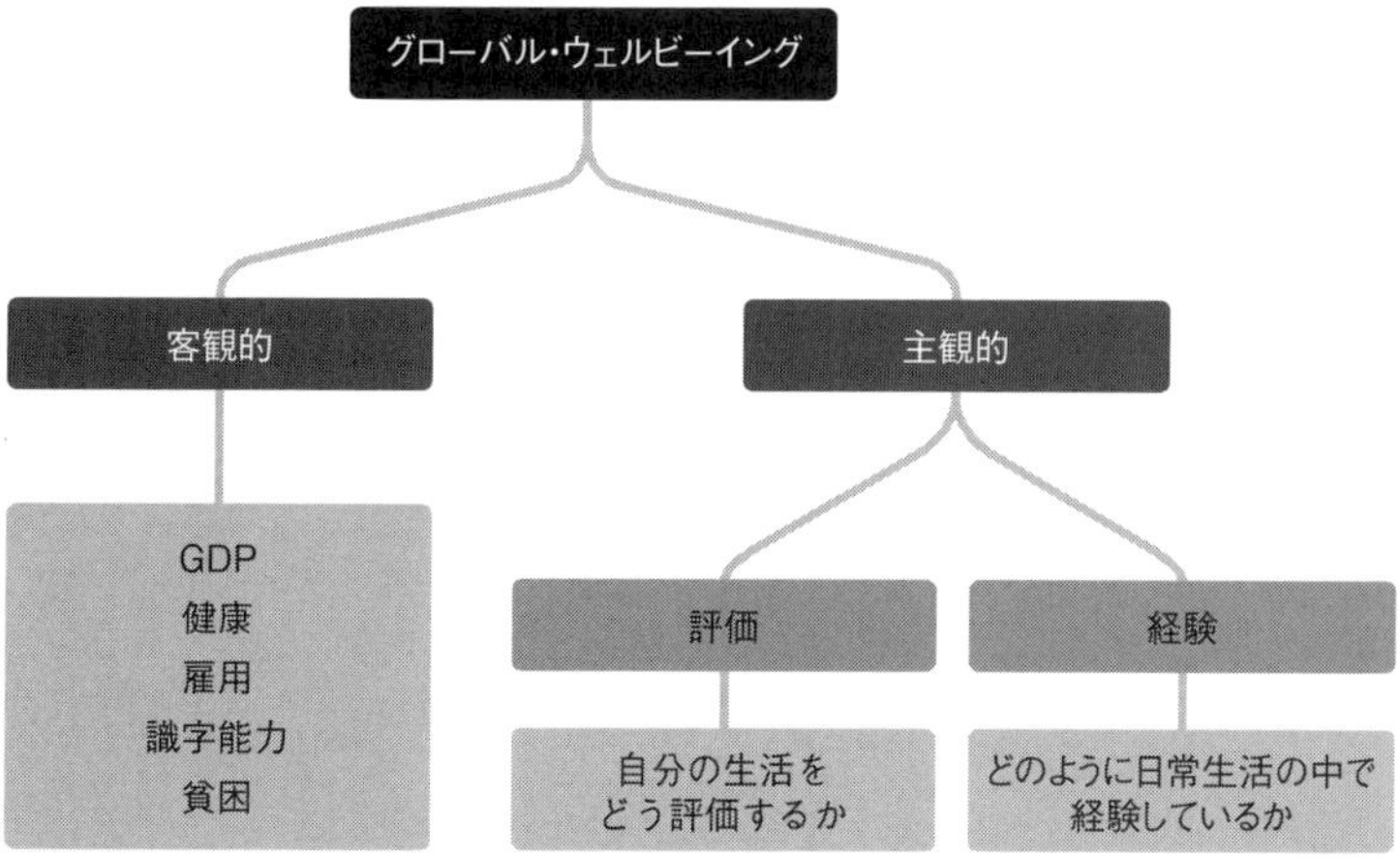

にできるだけ近い感情や感覚をとらえようとするものである。

カーネマンらの研究に触発され、ギャラップのグローバル調査では、一連の経験と感情に関する質問を、過去24時間の文脈で構成することでこれらの手法を大規模な調査環境に適合させた。例えば、回答者は、楽しさ、幸せ、ストレス、怒りなどのポジティブな感情とネガティブな感情の経験に関する質問をされる。また、前日によく眠れたかどうか、敬意を持って接してもらえたかどうか、よく笑ったかどうか、元気があったかどうか、お金の心配をしたかどうか、何か興味深いことを学んだかどうか、などについても質問されている。また、社会生活や通勤に費やす時間など、時間の使い方についても質問している。

ギャラップのグローバル調査から得られた数多くのレポートや調査結果は、Gallup.com で閲覧することができる。

ウェルビーイングとは、「私たちが自分の生活や人生をどのように考え、どのように経験するかにとって重要なすべてのこと」と定義し、ウェルビーイングのさまざまな要素が、生活の評価・判断や日常の経験の尺度をどのように説明するかを調査した。

フェーズ3――ウェルビーイング構成要素のパイロット調査

フェーズ3では、まず、ギャラップのグローバル調査の個人レベルのデータの見直しから始めた。回帰分析により、重要なウェルビーイング領域の一般化可能性を評価した。さらに、ウェルビーイングに関する文献を調べ、定性的なインタビューを行って、個人や組織で実行可能な領域を仮説として設定した。項目は2004年から2007年にかけて作成され、初期テストが行われた。2007年から2009年にかけて、ウェブベースのフィールドアセスメントの追跡パイロットテストが実施された。

この探索的研究から、テスト用に340のウェルビーイング項目が作成された。これらは以下のようなさまざまな生活の領域や経験を網羅している。キャリア、興味、情熱、ライフバランス、仕事の楽しさ、上司への満足度、ストレス、目的、メンター、強み、家族、友人、社会的時間、結婚、子供、宗教、信仰、スピリチュアリティ、平等、目標、基本的ニーズ、住居、収入、身体的保障、経済的保障、消費習慣、仲間、疲労、食事、運動、エネルギー、睡眠習慣、痛み、ボディイメージ、病気、病欠、安全性、食料、水、きれいな空気へのアクセス、コミュニティへの参加、社会貢献など。

探索的因子分析に基づき、5つの幅広いウェルビーイング次元の仮説が立てられた。これらの次元は、現在の生活全般の評価、将来への希望、日常の経験など、ウェルビーイングの結果変数の大部分の分散をとらえている。

- キャリア・ウェルビーイング——日々していることが好き
- 人間関係ウェルビーイング——人生を豊かにする友がいる
- 経済的ウェルビーイング——上手にお金を管理する
- 身体的ウェルビーイング——やり遂げるエネルギーがある
- コミュニティ・ウェルビーイング——自分の住んでいるところが好き

次の図が示すように、340項目を5つのサブサンプルに分散させ、信頼性と妥当性の証拠を検証した。

パイロット1　サンプル／サブグループ別のサンプルサイズ

米国在住者―パネル（N = 10,544）

キャリア	(n = 2,389)
無職	388
学生（全日制）	300
専業主婦／専業主夫	386
学生（聴講生、非全日制）	419
定年	473
正社員	423

身体	(n = 2,677)
健康	1,344
<50	462
50～64	500
65+	382
不健康	1,333
<50	389
50～64	462
65+	482

コミュニティ / 安全	(n = 1,254)
地方	427
都会	403
郊外	424

経済	(n = 2,080)
<$25,000	369
$25,000～$49,999	401
$50,000～$99,999	411
$100,000～$199,999	429
$200,000+	470

人間関係	(n = 2,144)
既婚	436
未亡人	438
別居／離婚	439
独身・未婚	420
パートナーと同居（同棲）	411

パイロット1——サンプル／サブグループ別のサンプルサイズ

本調査では、ギャラップ・パネルの特定のサブグループから過剰サンプルを抽出し、各ウェルビーイング次元における多様な人々（さまざまなキャリアや経済状況にある人々、さまざまな地域に住む人々、異なる年齢、健康状態、関係性を持つ人々）の情報を最大限に活用した。これにより、ウェルビーイングのどの側面がさまざまな状況で最も重要であるかを知ることができた。各ウェルビーイング次元において、どのような質問がウェルビーイングの高い人と低い人を最も区別するかを研究した。

4つの主要な従属変数が考えられた。

1　生活の評価——現在（0～10スケール）
2　生活の評価——未来（0～10スケール）
3　日常経験——楽しさ、幸福、身体の痛み、心配、悲しみ、ストレス、退屈、怒り、満足感
4　期待超過——「これまでの人生は期待をはるかに超えたものであった」（1～5同意スケール）

今回の調査では、5つの異なる調査票を作成した（ウェルビーイングの次元ごとに1つずつ）。分析は、各次元の各サブサンプルに対して行われた。目標は、妥当性と信頼性の証拠を考慮して、

パイロット1　妥当性の推定

ウェルビーイングの次元	生活評価	未来	日常経験	期待超過
キャリア	0.56	0.47	0.53	0.60
人間関係	0.54	0.45	0.49	0.55
経済	0.65	0.48	0.48	0.53
身体	0.46	0.33	0.46	0.34
コミュニティ	0.49	0.37	0.44	0.47

次の調査段階に最適な項目を選択することで、各ウェルビーイング次元の情報を最大限に引き出すことであった。

例えば、保持された項目に基づく各次元のクロンバックのアルファ信頼性は0・70を超え（範囲は0・72から0・91）、各次元内のサブサンプル間で一貫して高い信頼性を示した。次の表は、各次元の4つの基準変数との相関関係を示している（サブサンプル間で妥当性に大きな差はなかった）。

パイロット1——妥当性の推定

18歳以上の成人2135人と13歳から17歳までの青少年172人の無作為サンプルを対象とした次の段階の調査では、合計164の項目が残された。この段階の研究では、要因の独立性を評価するために、ウェルビーイングの次元を超えて項目を組み合わせた。

項目リストは、確証的因子分析とさらなる基準関連妥当性調査に基づいてさらに改良され、5つのウェルビーイング次元にまたがる120の項目となった。この尺度は、国際的なテストを行うために7つの言語に翻訳された（中国語〈繁体字〉、中国語〈簡体字〉、フランス語〈ヨーロッパ〉、ドイツ語、日本語、スペイン語〈ラテンアメリカ〉、英語〈イギリス〉）。

因子分析の結果、5つの異なる因子が示され、それぞれの因子の固有値は2・0以上で、成人と青少年の信頼性は0・75以上であった。次元間の平均相互相関は、成人で0・51、青少年で0・56であった。妥当性の推定値は、以前のパイロット研究で得られたものと同程度であり、18歳以上の成人および13〜17歳の青少年に対して一般化できるものであった。

フィールド調査票には、ウェルビーイングの次元ごとに10の項目があり、合計50の得点化される項目と追加のリサーチ項目が含まれている。

パイロット2——信頼性と妥当性の推定

また、回帰分析では、まず人口統計的変数（年齢、性別、雇用形態、配偶者の有無、人種、教育水準、所得水準）を方程式に入力し、次に各ウェルビーイング次元を入力し分析した。従属変数には、先に調査したように、「生活の評価——現在と未来」「日常経験」「期待超過」が含まれている。成人と若者では、それぞれの次元が、人口統計や他のウェルビーイングの次元を超えて、複数の従属変数において独自の情報を占めていた。例えば、5つの次元すべてが、日常的な経験において独自の分散を説明した。最初の4つの次元（キャリア・人間関係・経済・身体）は、それぞれ生活の評価——未来において独自の分散を説明した。最初の3つの次元（キャリア・人間関係・経済）

パイロット2　信頼性と妥当性の推定

次元	信頼性	妥当性 生活評価	未来	日常経験	期待超過	病気の日
キャリア	0.85	0.58	0.46	0.48	0.60	-0.21
人間関係	0.86	0.52	0.38	0.45	0.50	-0.12
経済	0.84	0.63	0.38	0.38	0.51	-0.19
身体	0.83	0.50	0.37	0.46	0.43	-0.41
コミュニティ	0.77	0.38	0.25	0.36	0.40	-0.11

成果変数との偏相関*について

次元	生活評価	未来	日常経験	期待超過	病気の日
キャリア	0.22	0.18	0.15	0.31	0.00
人間関係	0.09	0.04	0.09	0.06	0.09
経済	0.40	0.19	0.13	0.19	0.05
身体	0.13	0.08	0.24	0.02	0.36
コミュニティ	0.00	0.05	0.11	0.08	0.02

*性別、年齢、収入、学歴、配偶者の有無、雇用形態、人種、および他の4つのウェルビーイング次元をコントロールした偏相関関係。太字の偏相関は、ゼロと重ならない95%信頼区間を持つ。

と「コミュニティ」は、「期待超過」において、それぞれ独自の分散を説明した。5つの次元のうち、最も高い相関を示したのは、キャリアと人間関係ウェルビーイングの2つで、成人では0・69、青少年では0・75の相関を示した。この2つの次元は、ウェルビーイングの成果に与える影響において、最も交換可能なものである可能性がある。

次の表は、「人口統計的属性」と「トータルモデル（人口統計的属性＋ウェルビーイング次元）」のMultiple Rs（重相関係数）を示している。

回帰分析：Multiple Rs重相関係数

人口統計的属性とトータルモデル
（人口統計的属性＋ウェルビーイング次元）の
Multiple Rs（重相関係数）は以下の通り。

	生活評価	将来	日常経験	期待値超	病気の日
人口統計的属性	0.25	0.24	0.17	0.29	0.22
ウェルビーイングの次元	0.72	0.54	0.62	0.66	0.46

回帰分析：Multiple Rs重相関係数

ウェルビーイングの5つの次元は、すべての人にとってのすばらしい人生のすべてを説明するものではありませんが、複数のウェルビーイングの成果変数において、多くのことを説明していることが明らかである。また、ウェルビーイングを説明する上で、他の状況変数や人口統計的変数に大きく貢献している。

7言語（中国語─繁体字［n＝829］、中国語─簡体字［n

言語間での平均信頼性

ウェルビーイングの次元	平均信頼性
キャリア	0.86
人間関係	0.85
経済	0.75
身体	0.77
コミュニティ	0.72
全般	0.93

＝３１８６］、フランス語―ヨーロッパ［ｎ＝２８８］、ドイツ語［ｎ＝５２２］、日本語［ｎ＝３０８５］、スペイン語―ラテンアメリカ［ｎ＝１２１０］、英語―イギリス［ｎ＝７３１］）に翻訳した後、確認的因子分析と信頼性、妥当性、一般化可能性の分析を行った。確認的因子分析の結果、各言語の項目因子負荷の平均値は０・５２から０・５８の範囲であった。言語間の項目因子負荷の相関を調べたところ、個々の項目因子負荷量の強さは言語間で非常に類似していた（言語間の50項目因子負荷量の平均ｒ＝０・７９）。ＳＲＭＲ（標準化平均平方根残差）の適合度は、言語間で０・０６から０・０７１の範囲であり、因子モデルのデータへの適合度は許容範囲内であった。項目―次元補正相関（部分と全体の重なりを補正）の平均値は、他の次元に対する項目相関の平均値よりも50％高かった。さらに、次元間の相互相関のパターン（つまり、次元同士がどのように関連しているか）は、言語間で類似していた。（相関行列は言語間で一致し、平均ｒ＝０・８９となった）次元の信頼性も言語間で同様であった。

言語間での平均信頼性

また、各ウェルビーイング次元と各基準変数との関係が、言語間で一般化できるかどうかを理解するために、メタ分析を行った。その結果、各ウェルビーイングの次元と生活評価（未来、日常経験、期待超過、病気の日）との相関関係は、仮説通りの方向性を示し、言語間で一般化できることがわかった。これは、5つの中核的概念がさまざまな言語間で一般化可能であることを示す強力な証拠となる。

フェーズ4――ウェルビーイング5つの要素の各国対象メタ分析

フェーズ1～3で発見された5つのウェルビーイング要素の継続的な妥当性確認の一環として、2009年2月から2010年3月にかけて実施されたギャラップの「ワールドポール（世界世論調査）」に、5つの要素のそれぞれの主要項目が含まれている。これにより、以下の機会が得られた。

1 ウェルビーイングの5つの要素（キャリア・人間関係・経済・身体・コミュニティ）と6つの従属変数（現在の生活評価、未来の生活評価、日々のウェルビーイング、過去30日間の不健康な日数、全般的な健康問題、寄付）との関係を、世界の地域間で推定する。

2 ウェルビーイングの各要素と従属変数との関係について、国レベルのGDPと場所・地域の調整効果を調べる。

3　関係性の実際の意味を推定する。

メソッド

データセットには、世界の成人人口の95％以上を占める117カ国の15歳以上の人口を対象としたギャラップ・ワールド・ポール（世界世論調査）の全国無作為抽出代表サンプルが含まれている。2009年2月から2010年3月にかけて、合計12万239件のインタビューが、対面式または電話で行われた。ギャラップ・ワールド・ポール（世界世論調査）には、100のウェルビーイング項目が含まれている。

2009年には、個人のウェルビーイングの主観的な5つの要素が重要であるという研究結果（Rath & Harter, 2010）に基づき、5つの項目（キャリア・人間関係・経済・身体・コミュニティのウェルビーイングという5つの要素それぞれの分散を最もよく説明する1つの項目）が追加された。5つのウェルビーイング項目と成果変数の間の個人レベルの関係を統計的に算出した。調査対象とした成果は、現在の生活評価、将来の生活評価、日々のウェルビーイング、過去30日間の不健康な日数、全般的な健康問題、寄付の6つである。国レベルのGDPや場所・地域の分類の間でモデレーションを調べた。

人口統計的属性を統制した後のメタ分析的な真のスコアの偏相関

	独立変数				
成果変数	キャリア	人間関係	経済	身体	コミュニティ
現在の生活評価	0.34	0.27	0.39	0.25	0.17
未来の生活評価	0.17	0.35	0.33	0.27	0.21
日々のウェルビーイング	0.43	0.37	0.3	0.39	0.23
不健康な日数	−0.21	−0.12	−0.14	−0.52	−0.07
全般的な健康問題（「はい」と回答）	−0.15	−0.11	−0.1	−0.52	−0.06
寄付（はい）	0.1	0.11	0.07	0.06	0.04

結果

5つのウェルビーイングの各要素は、調査対象となった6つの結果のそれぞれにおいて、意味のある分散を説明した。結果は一般化可能性が高いことを示した。つまり、人口統計学的な違いをコントロールした後、相関関係は異なる国でもほぼ一貫していた。

人口統計的属性を統制した後のメタ分析的な真のスコアの偏相関

主要な調査結果――この表は、ウェルビーイング要素と成果変数の組み合わせごとに、真のスコアの偏相関をまとめたものである。相関の大きさはさまざまなものの、人口統計学的変数を統制した後では、すべての真のスコアの相関は仮説の方向にある。

5つの要素すべてにおいてウェルビーイングが高

い回答者は、生活の評価（未来と現在）が高く、日常の経験が充実しており、病欠や健康問題が少なく、寄付の可能性が高いことを報告した。キャリアのウェルビーイングが高い人は、キャリアのウェルビーイングが低い人に比べて、不健康な日が半分以下で、慢性的な健康問題を報告する可能性が39％低かった。人間関係ウェルビーイングが高い人は、人間関係ウェルビーイングが低い人に比べて、寄付をする可能性が17％高かった。経済的ウェルビーイングが高い人は、経済的ウェルビーイングが低い人に比べて、人生の満足度が高いと報告した。

5つのウェルビーイング要素と個人レベルでのウェルビーイングの結果変数との関係は、実質的であり、国を超えて一般化可能である。これは、ウェルビーイングの5つの要素が普遍的であることのさらなる証拠である。より詳細な分析結果は、別途ギャラップのテクニカルレポート（Agrawal & Harter, 2011）に掲載されている。

フェーズ5——追加確認分析

ギャラップは、米国のギャラップ・パネル会員約1万1500人（うち5500人は就業者）の縦断的サンプルを用いて、5つのウェルビーイング要素と、生活評価、日常経験、従業員エンゲージメント、職場離職率、健康成果との因果関係を調査した（Harter & Agrawal, 2012）。因果関係は、一連の縦断的な回帰分析（線形およびロジスティック）を用いて評価した。その結果、因果関係は相互に存在するものの、5つのウェルビーイング要素は、人生評価、日々の経験、従業員エンゲージメント、離職の意図、実際の離職、不健康な日数、疾病負担の新規発生（不安・抑うつ、高血圧、睡眠障害、糖尿病、肥満など）を予測することがわかった。

さらに、3つの独立したサンプルの1万3000人を対象に、5つの要素の測定値の妥当性と信頼性を調査した（Sears, Agrawal, Sidney, Castle, Rula, Coberley, Witters, Pope, & Harter, 2014）。この研究ではさらに、健康やパフォーマンスの成果との有意な関係が確立された。さらに、複数の項目を用いて、因子分析モデルと、5つのウェルビーイング要素の構成要素および収束性の妥当性の特性を立証した。本研究では、5つの要素と、仕事の成果、欠勤、入院の成果との間に実質的な関係があることを発見した。

まとめ

ウェルビーイングの5つの要素は、世界的な研究の基礎と、ウェルビーイングを研究してきたギャラップの長い歴史に基づいて開発された。私たちは、「多くの人々の生活や日々を満たすものは何であるのか」という複雑な事象をできる限り簡略化しようとした。この5つのウェルビーイング要素は、私たちができる最善の試みである。私たちは、この5つの要素を、個人の生活において測定可能かつ行動可能な範囲は何なのか、認識してもらうために設計した。ウェルビーイングの科学にはこれまでも多くの調査が行われてきた。その一方で、今後の研究では、世界の人々のウェルビーイングを高めることを目標に、どのようにすれば最も効果的に適用できるのか、また最高の洞察を提供するためにどのように測定を継続的に改善し得るのか、といった実体を伴った洞察が提供されるだろう。

従業員エンゲージメントと組織的成果の関係

Q12メタ分析

付録4

The Relationship Between Engagement at Work and Organizational Outcomes

ジェームズ・K・ハーター（Ph.D.、ギャラップ）
フランク・L・シュミット（Ph.D.、アイオワ大学）
サンギータ・アグラワル（MS、ギャラップ）
アンソニー・ブルー（MA、同上）
ステファニー・K・プローマン（MA、同上）
パトリック・ジョシュ（MA、同上）
ジム・アスプランド（MA、同上）

第10版　2020年10月

謝辞

このメタ分析（第10版）に新たな研究を提供してくれたMarie-Lou Almeida, Jeevika Galhotra, Rujuta Gandhi, Julie Griffiths, Ryan Gottfredson, Domonique Hodge, Diana Lu, Shane McFeely, Marco Nink, John Reimnitz, Chayanun Saransomrurtai, Puneet Singh, Ben Wigert に感謝する。

著作権基準

本全体へのリンクを提供する必要があります。本稿に明示的に規定されている場合を除き、本資料の発信や伝達、放送は、ギャラップが所有または管理する特許、著作権、商標のもとにあり、いかなる種類のライセンスも付与するものとは解釈されません。

Q12は、ギャラップが所有する情報であり、法律によって保護されています。ギャラップの書面による同意なしにQ12を使用したアンケートを実施したり、複製したりすることはできません。Gallup®, Q12®, Selection Research, Inc.™, SRI®はギャラップの商標です。無断転載を禁じます。その他のすべての商標および著作権は、それぞれの所有者に帰属します。

目次

概要

目的

同じ組織内でも、事業単位や作業単位によって、エンゲージメントとパフォーマンスのレベルは大きく異なる。この研究の目的は、以下の点を検証することである。

1　276組織における従業員エンゲージメントとパフォーマンスの真の関係性
2　複数の組織における従業員エンゲージメントとパフォーマンスの関係の一貫性または一般化可能性
3　調査で明らかになった、経営者やマネジャーにとっての実践的意味

方法

私たちが蓄積した456件の調査研究は、54業種、276組織、96カ国の従業員を対象としている。各研究では、組織が提供する従業員エンゲージメントとパフォーマンス成果との関係を、事業・作業単位で統計的に算出している。計270万8538人の従業員を含む11万2312の事業・作業単位を調査した。対象は次の11項目での成果である。顧客ロイヤルティ／エンゲージメント、収益性、生産性、離職率、安全上の事故、欠勤率、シュリンケージ（従業員による窃盗）、患者の安全性に関する事故、品質（欠陥）、従業員のウェルビーイング、組織市民権（従業員が与えられた職務以上の行動を自発的にとること）。

個々の研究では、サンプルサイズが小さい、または結果の解釈を歪めるような特異性があることが多い。メタ分析は、一見異なる結果が得られた研究の結果を結合し、サンプリングや測定誤差などの研究成果を補正して、真の関係性をより正確に理解するのに有効な統計手法である。私たちは456の研究にハンター・シュミット・メタ分析法を適用し、エンゲージメントと各パフォーマンス指標との真の関係を推定し、一般化可能性を検証した。メタ分析を行った後、効用分析を行うことで、関係性の実用的な意味を検討した。

結果

従業員エンゲージメントは、調査した11のパフォーマンス成果に関連していた。結果は高い一般化可能性を示しており、これは相関関係が異なる組織間で一貫していたことを意味する。従業員エンゲージメントと複合パフォーマンスの真のスコア相関は0・49である。企業全体で見ると、従業員エンゲージメントのスコアが上位に位置する事業・作業単位は、下位に位置する事業・作業単位に比べて、成功する確率が2倍以上になる。また、99パーセンタイルにある企業は、1パーセンタイルの企業の約5倍の成功率を示している。

上位4分の1と下位4分の1の事業・作業単位の差の中央値は次のとおり。

- 顧客ロイヤルティ／エンゲージメント　10％
- 収益性　23％
- 生産性（売上高）　18％
- 生産性（生産記録と評価）　14％
- 高離職率組織（年換算離職率が40％以上）の離職率　18％
- 低離職率組織（年換算離職率が40％以下）の離職率　43％
- 安全上の事故　64％
- 欠勤率　81％
- シュリンケージ（従業員による窃盗）　28％
- 患者の安全性に関する事故（死亡率および転倒率）　58％
- 品質（欠陥）　41％
- 従業員のウェルビーイング（生き生きしている従業員）　66％
- 組織的市民権　13％

結論

エンゲージメントとパフォーマンスとの関係は、事業・作業単位レベルで実質的であり、組織全体での一般化が可能である。従業員エンゲージメントは、11のパフォーマンス成果とそれぞれ関連している。このことは、実践者が、Q12指標が重要なパフォーマンス関連情報をとらえているという確信を持って、さまざまな状況でQ12指標を適用できることを意味している。

はじめに

序文

1930年代、ジョージ・ギャラップが着手したのは、人間のニーズと満足度に関する世界規模の研究である。ギャラップ博士は、世論調査測定に科学的なサンプリングのプロセスを他に率先して導入した。また、彼は世論調査だけでなく、ウェルビーイングに関する画期的な研究を実施した。95歳以上の高齢者に共通する要素に関する研究である（Gallup & Hill, 1959）。その後数十年にわたり、ギャラップ博士とその同僚たちは数多くの世論調査を世界中で実施し、人々の生活のさまざまな側面について調べた。初期の世界規模の世論調査では、家族、宗教、政治、個人の幸福度、経済、健康、教育、安全、仕事への意識などを取り上げていた。1970年代、ギャラップ博士の報告で判明したのは、仕事に高い満足度を得ている北米の被雇用者が半数に満たないという結果だった（Gallup, 1976）。西ヨーロッパ、ラテンアメリカ、アフリカ、極東ではさらに低かった。

仕事の満足度は、広範な分野の研究者に注目されてきた。仕事の満足度についての研究は、ギャラップの初期の研究に加えて1万以上の記事や出版物がある。ほとんどの人が起きている時間の大半を仕事に費やしているため、職場に関する研究への関心は高く、心理学や社会学、経済学、人類学、生理学などの多岐にわたる分野で行われている。職場を管理し改善するプロセスは非常に重要であり、ほぼすべての組織にとって大きな課題である。そのために重要となるのが、変化を起こすために使用されるツールが、実際に重要な成果を予測する職場のダイナミクスを測定できることである。言い換えれば、さまざまな組織のリーダーが重視する成果を測定できることが重要になる。組織のリーダーは、仕事の満足度に関する研究への関心と機運を高めるのに最もよい立場にいる。

こうしたギャラップ博士の初期の世論調査と時を同じくして、心理学者でネブラスカ大学教授のドン・クリフトンは、教育やビジネスで成功するための要因を研究し始めた。クリフトン博士は、1969年にセレクションリサーチ社（SRI）を設立する。多くの心理学者は機能障害や病気の原因を研究対象としていたが、クリフトン博士とその同僚たちは、研究の方向性を「強みを基盤にした心理学」に定め、「人を開花させるものは何か」についての調査を進めた。

彼らの初期の発見は、幅広い業界や職種を超えて、成功する個人やチームに焦点を当てた何百もの研究を生み出した。特に、成功する学習環境や職場環境に関する研究は、成功した教師や管理職に関する多くの研究につながった。この研究では、成功を促す環境や個人の違いに関する広範な調査が行われた。研究の初期段階で研究者たちは、単に従業員の満足度を測定するだけでは持続可能な変化を生み出せないことを発見した。満足度のなかでも最も重要な要素を特定する必要があった。また、実際に行動し、変化を起こす人にとって使いやすいかたちで測定され報告される必要もあった。

さらに調査を進めていくと、最も効率的に変化が起こるのは現場レベルであることがわかった。第一線のマネジメントレベルで、マネジャーが率いているチームである。経営者にとっての第一線のチームは直属の部下、工場長にとっての第一線のチームは日々マネジメントをしている人たちになる。ギャラップの研究者たちは、優れたマネジャーを研究した結果、最適な意思決定は、それに関する情報が日常の行動に近い現場レベルで収集されたときに起こることを明らかにした。

クリフトン博士の研究がギャラップ博士の研究と統合されたのは、1988年にギャラップとSRIが合併したときである。これにより、先進的な経営科学と一流の科学的調査の融合が実現した。ギャラップ博士もクリフトン博士も、人生の多くの時間を人々の意見や態度、才能、行動の研究に費やした。そのために質問を作成し、その回答を記録し、どの質問が有意差のある回答を引き出し、意味のある成果に結びつくかを検討した。サーベイ調査の場合、ある質問はバイアスのない有意義な意見を引き出すが、そうでない質問もある。マネジメント研究でも、ある質問は将来のパフォーマンスを予測する回答を引き出すが、そうでない質問もある。

適切な質問を開発するには、反復プロセスが必要である。研究者が質問を書き、分析を行う。調査や質問は改良され、言い換えられる。追加分析が行われる。それを受けて再び質問は改良され、言い換えられる。そして、このプロセスを繰り返していく。ギャラップは、この反復プロセスを採用し、本稿の対象となる調査ツールを設計した。それがQ12、従業員エンゲージメントの測定ツールである。

次章では、Q12の開発と検証のために何十年にもわたって行われてきた研究の概要を説明する。続いて、従業員エンゲージメントとパフォーマンスの関係について、276の組織と11万2312の事業・作業単位（270万8538人の従業員を含む）を対象とした456の研究のメタ分析について述べる。

Q12の開発

1950年代初頭、クリフトン博士は職場環境や学習環境の研究を始めた。目的は、その環境にプラスに働く要因、そして人々が自分特有の才能を十分に活かせる要因を特定することだった。クリフトン博士は、この初期の研究を通して、科学と強みの研究を用いて個人の参照枠や態度の枠組みを調査し始めた。

1950年代から1970年代にかけて研究を継続するなかで、その対象は、学生やカウンセラー、経営者、教師、従業員などに及んだ。クリフトン博士は、さまざまな評価尺度やインタビュー方法を用いて個人の違いを研究し、人々の相違点を説明する質問や要因を分析した。彼が調査した概念は、「強みと弱みに着目した際の比較」「人間関係」「人事サポート」「友人関係」「学習」などである。さまざまな質問が作成され、テストされたが、そのなかにはQ12の初期バージョンの項目も多く含まれていた。継続的なフィードバックの方法が最初に開発された目的は、質問してデータを収集し、その結果について継続的な議論を促すことで、フィードバックと改善の可能性を提供することだった。測定ベースのフィードバック・プロセスである。また、従業員の離職の原因を知るために、組織を去った従業員に退社インタビューが行われた。共通する離職の理由は「マネジャーの質」に集中した。

１９８０年代、ギャラップの研究者たちは、この反復プロセスを継続し、パフォーマンスの高い個人やチームを調査した。調査には、個人の才能や、職場での態度を査定することが含まれていた。質問票を設計するために多くの定性的（質的）分析が実施され、インタビューやフォーカスグループが行われた。ギャラップの研究者たちは、優れたパフォーマンスを出している個人やチームに、彼らの職場環境や、成功に関する思考、感情、行動について尋ねた。

研究者たちは、定性的データを用いて、成功につながる特徴的な要因についての仮説と洞察を生み出した。これらの仮説に基づいて質問を作成し、テストした。また、１９８０年代には、退社インタビューを含む数多くの定量的な調査を行い、離職の原因を探った。フォーカスグループやインタビューなどの定性的分析は、「組織開発監査」や「卓越性を生み出す態度管理」などの長期にわたる包括的な従業員調査の基礎となった。これらの調査の多くは、１００〜２００の項目で構成されている。定量的な分析としては、調査データの次元性を査定するための因子分析や、データの独自性と重複性を特定するための回帰分析、総合的な満足度、コミットメント、生産性といった有意義な成果と相関する質問を特定するための基準関連妥当性分析などが行われた。また、調査結果をマネジャーや従業員にフィードバックするための手順を開発した。こうした手順とその実践的な活用により、研究者は、どの項目が対話を生み出し、変化を促すのに最も役立つのかを知ることができた。

才能と環境に焦点を当てたマネジメント研究の実践から生まれたひとつの成果が、組織における才能の最大化の理論である。

1人当たりの生産性＝才能×（関係性＋正しい期待値＋承認／報酬）

これらのコンセプトは、後にQ12の基本的な要素として組み込まれていく。

SRIとギャラップの研究者は、長期にわたりマネジャーの成功パターンについての研究を続けた。特にマネジャーの才能と成功を促す環境に焦点を絞っていった。マネジメントの才能に関する知識と、従業員の意識に関する調査データを統合することで、研究者たちは何が成功する職場環境を構築するのかという独自の視点を持つことができた。その結果、「個人の認識」「パフォーマンス志向」「ミッション」「承認」「学習と成長」「期待値」「適性」などのテーマが次々と浮かび上がってきた。研究者たちは経営に関する研究に加えて、成功している教師や生徒、学習環境についても数多くの研究を行った。

1990年代以降も、この反復プロセスは継続された。この時期、ギャラップの研究者は、Q12の最初のバージョンであるGWA（ギャラップ職場監査）を開発し、最も重要な職場の意識や態度を効率的に把握しようとした。定性・定量分析も継続して行われた。10年間で1000以上のフォーカスグループが実施され、何百もの測定手段が開発され、その多くにはいくつかの項目が追加された。また、退社時のインタビューも継続して行われ、従業員が組織に定着するにはマネジャーが重要であることがわかった。Q12やその他の調査項目の研究は、米国やカナダ、メキシコ、英国、日本、ドイツなどの世界各国で実施された。ギャラップの研究者は、これらの調査の中核的な項目に関して、国際的な異文化間のフィードバックを得て、異文化間の調査項目の適用性についての状況を把握した。また、5段階評価法や2分法など、さまざまな尺度を検証した。

調査データの定量的な分析には、記述統計や因子分析、判別分析、基準関連妥当性分析、信頼性分析、回帰分析、その他の相関分析がある。ギャラップの研究者は、成功している職場とそうでない職場を区別する中核的な概念と、その概念を最もよくとらえる表現の研究を続けた。1997年には、基準関連妥当性の研究はメタ分析に統合され、1135の事業・作業単位を対象に、事業所の収益性、生産性、従業員定着率、顧客の満足度やロイヤルティに対する従業員の満足度やエンゲージメント（Q12で測定）の関連性を調べた（Harter & Creglow, 1997）。また、メタ分析によって、エンゲージメントと成果の関係の一般化を検討することができた。この確証的解析の結果、Q12の各項目の基準関連妥当性が明らかになった。

基準関連妥当性の研究はいまも継続中で、メタ分析は下記のとおりアップデートされている。1998年には2528の（Harter & Creglow, 1998)、2000年には7939の（Harter & Schmidt, 2000)、2002年には1万885の（Harter & Schmidt, 2002)、2003年には1万3751の（Harter, Schmidt, & Killham, 2003)、2006年には2万3910の（Harter, Schmidt, Killham, & Asplund, 2006)、2009年には3万2394の（Harter, Schmidt, Killham, & Agrawal, 2009)、2013年には4万9928の（Harter, Schmidt, Agrawal, & Plowman, 2013)、2016年には8万2248の事業・作業単位を対象としている（Harter, Schmidt, Agrawal, Plowman, & Blue, 2016)。本稿は、従業員エンゲージメントとパフォーマンスの関係に関するQ12メタ分析の第回目の報告書となる。

2016年の報告書と同様に本報告書では、事業・作業単位の数を拡大し、調査対象となる産業や国を増やし、ウェルビーイングと組織的市民権という2つの新しい成果変数を加えた。

Q12は、1998年に最終的な文言と配列が完成して以来、212の国や地域、74の言語で、4300万人以上の従業員に対して行われてきた。さらには、この尺度の異文化間での特性を調べるために一連の研究が行われた（Harter & Agrawal,2011)。

研究の紹介

組織の人材の質は、企業の成長と持続可能性の先行指標となるだろう。優秀な従業員のいる職場を実現するには、適材適所の人材を選ぶことから始まる。数多くの研究が、適材適所の選択における有効な採用測定ツールとシステムの有効性を証明している（Schmidt, Hunter, McKenzie, &

Muldrow, 1979; Hunter & Schmidt, 1983; Huselid, 1995; Schmidt & Rader,1999; Harter, Hayes, & Schmidt, 2004; Schmidt, Oh, & Shaffer, 2016)。

入社後、従業員は、組織の成功に影響を与える意思決定や行動を日々行っている。こうした意思決定や行動の多くは、従業員自身の内的動機や原動力に影響される。また、従業員の待遇や従業員同士の接し方が、従業員の行動にプラスの影響を与えることもあれば、組織を危険にさらすこともある、という仮説も立てられる。例えば、研究により、一般的な職場の態度と、サービス志向、顧客の認識（Schmit & Allscheid,1995）、および個人のパフォーマンス成果（Iaffaldano & Muchinsky, 1985）との間に正の関係があることがわかっている。最新のメタ分析では、個人の仕事の満足度と個人のパフォーマンスとの間に実質的な関係があることが明らかになっている（Judge, Thoresen, Bono, & Patton, 2001）。さらに最近の研究では、個人の職務態度は、パフォーマンスと離脱行動および志向の両方によって定義される従業員個人の有効性の実質的な予測因子であることが示されている（Harrison, Newman, & Roth, 2006; Mackay, Allen, & Landis, 2017）。より最近の研究では、従業員エンゲージメントは高次の職務態度の構成要素として最もよく概念化されていることが明らかになっている。このことは、Newman, Harrison, Carpenter and Rariden（2016）によってさらに補強されている。

また、事業・作業単位のレベルでも、従業員の態度がさまざまな組織の成果に関係していることを示す証拠がある。組織レベルの研究では、主に横断的な研究が中心だった。独立した研究では、従業員の態度と安全性（Zohar, 1980, 2000）、顧客経験（Schneider, Parkington, & Buxton, 1980;

Ulrich, Halbrook, Meder, Stuchlik, & Thorpe, 1991; Schneider & Bowen, 1993; Schneider, Ashworth, Higgs, & Carr, 1996; Schmit & Allscheid, 1995; Reynierse & Harker, 1992; Johnson, 1996; Wiley, 1991）、財務（Denison, 1990; Schneider, 1991）、従業員の離職率（Ostroff, 1992）などのパフォーマンス成果との間に関係があることがわかっている。Batt（2002）の研究では、多変量解析を用いて人事慣行（従業員の意思決定への参加を含む）と売上成長の関係を調べている。ギャラップは大規模なメタ分析を行っており、最近では8万2248の事業・作業単位を対象に従業員の態度（満足度とエンゲージメント）と、安全性、顧客態度、財務、従業員定着率、欠勤率、品質指標、シュリンケージについての同時性と予測性の関係を調査している（Harter et al., 2016; Harter et al., 2013; Harter et al., 2009; Harter et al., 2006; Harter et al., 2003; Harter, Schmidt, & Hayes, 2002; Harter & Schmidt, 2002; Harter & Schmidt, 2000; Harter & Creglow, 1998; Harter & Creglow, 1997）。このメタ分析は異なる時期に何度も行われたが、従業員の態度とさまざまなビジネス上の成果の間には一貫性があり、正の併存性と予測性の関係にあることが明らかになった。また、これらの関係は、幅広い状況（産業や事業・作業単位の種類、国）においても一般化されることがわかっている。その他の独立した研究でも同様の結果が得られている（Whitman, Van Rooy, & Viswesvaran, 2010; Edmans, 2012）。従業員エンゲージメントに関する最近のメタ分析では、過去の景気後退期には、そうではない時期に比べて、従業員の態度とパフォーマンスの間に強い相関関係があることがわかっている（Harter, Schmidt, Agrawal, Plowman, & Blue, 2020）。また、本研究では、個人の職務態度に関する研究と同様に、高次の職務態度、すなわちエンゲージメントの構成要素が事業・作業単位全体のパフォーマンスを最もよく予測することがわかった。

従業員の意見を個人レベルで調査することが一般的になっているが、事業・作業単位のレベルでデータを調査することは、データが一般的に報告される場所であるため、非常に重要である（守秘義務のため、従業員エンゲージメント調査は個人より広範な事業・作業単位のレベルで報告される）。さらに、事業単位レベルの調査は通常、ほとんどのビジネスに直接関係する成果（顧客ロイヤルティ、収益性、生産性、離職率、安全上の事故、シュリンケージ、品質など）との関連性を解明する機会となる。これらの成果はしばしば事業・作業単位で集約され報告される。

事業・作業単位レベルでデータを報告し、調査することのもうひとつの利点は、測定ツールのスコアが、個人レベルの分析で用いる次元スコアと同様の信頼性を持つことである。事業・作業単位レベルの値が、多くの個人スコアの平均だからである。事業・作業単位レベルで報告される従業員調査は、項目レベルの測定誤差の懸念が少ないため、より効率的または簡潔化された長さにすることができる。仕事満足度調査と単位レベル分析の利点のよりくわしい議論についてはHarter and Schmidt (2006) を参照いただきたい。

このような事業・作業単位レベルでは、事業・作業単位の数が限られている（事業・作業単位の数がサンプルサイズになる）、あるいは事業・作業単位間で比較できる成果指標の入手が困難なため、データが限られる、という問題が生じる可能性がある。このため、これらの研究の多くは統計的検出力に限界があり、個々の研究の結果が互いに矛盾しているように見えることがある。メタ分析の技術は、このような研究をプールして、効果の強さとその一般化可能性をより正確に推定する機会を提供する。

本論文の目的は、従業員の職場への認識と事業・作業単位の成果との関係に関する最新のメタ分析の結果を、ギャラップのクライアントとともに収集した現在入手可能なデータに基づいて提示することである。この研究では、ギャラップのQ12という測定ツールに焦点を当てている。Q12の項目は、事業・作業単位での重要性を考慮して選択されており、事業・作業単位におけるピープル・マネジメント（部下ひとりひとりの成功にコミットすることで組織の成果を最大化する）の質についての従業員の認識を測定している。

Q12の説明

GWA（Q12）は、30年以上にわたる量的・質的研究の蓄積に基づいて開発されたもので、信頼性や収束的妥当性、基準関連妥当性が広く研究されている。GWA（Q12）は、これまでの心理学的研究によって検証された測定ツールであるだけでなく、マネジャーが職場に変化をもたらすうえでの有用性に関する実践的な検討がされている。

Q12に含まれる項目を設計するにあたり、行動可能性の観点から、従業員調査項目には2つの大まかなカテゴリーがあることを考慮した。それは、態度的な成果（満足度、忠誠心、誇り、顧客サービスに対する認識、会社にとどまる意思）を反映する測定項目と、これらの成果を促進する行動可能な課題を形成的に測定する項目である。満足度や忠誠心、誇りなどの態度的成果を予測するQ12は、経営者にとって実行可能な課題を測定するものである。標準的なQ12測定ツールでは、総合的な満足度の項目の後に、マネジャーレベルで実行可能（変更可能）な問題を測定する12の項目がある。つまり、役割の明確さ、リソース、能力と要求の適合性、フィードバックを受けること、感謝されていると感じることなど、仕事の状況の要素についての認識を測定する項目である。Q12は、それぞれの原因を測定することでエンゲージメントに貢献する「エンゲージメントの条件」を形成する指標である。

総合満足度とQ12※

Q0　（総合満足度）「非常に満足」を5点、「非常に不満」を1点とした5段階評価で、あなたは働く場としての（貴社）にどの程度満足していますか。
Q1　私は仕事のうえで、自分が何を期待されているかがわかっている。
Q2　私は自分がきちんと仕事をするために必要なリソースや設備を持っている。
Q3　私は仕事をするうえで、自分の最も得意なことをする機会が毎日ある。
Q4　この1週間のあいだに、よい仕事をしていると褒められたり、認められたりした。
Q5　上司あるいは職場の誰かが、自分をひとりの人間として気づかってくれていると感じる。
Q6　仕事上で、自分の成長を後押ししてくれる人がいる。
Q7　仕事上で、自分の意見が取り入れられているように思われる。
Q8　会社が掲げているミッションや目的は、自分の仕事が重要なものであると感じさせてくれる。

Q9　私の同僚は、質の高い仕事をするよう真剣に取り組んでいる。
Q10　仕事上で最高の友人と呼べる人がいる。
Q11　この半年のあいだに、職場の誰かが私の仕事の成長度合いについて話してくれたことがある。
Q12　私はこの1年のあいだに、仕事上で学び、成長する機会を持った。

現行の基準では、各従業員（国勢調査：参加率の中央値は85％）にQ12の記述について「5＝非常にそう思う」から「1＝まったくそう思わない」までと「わからない／当てはまらない」の6つの回答オプションを用いて評価してもらい、「わからない／当てはまらない」は採点しないことにしている。Q0は満足度の項目であるため、どのくらい同意しているかではなく、満足度はどのくらいかで採点している。回帰分析（Harter et al., 2002）の結果、従業員エンゲージメントは、総合的な満足度尺度が占めるパフォーマンス関連の分散（複合パフォーマンス）のほぼすべてを占めている。したがって、本報告書では、Q1～12で測定された従業員エンゲージメントに焦点を当てている。

Q1～12では、マネジャーや上司が影響を与えることができる問題を測定するが、「上司」という言葉が含まれているのは1項目だけである。これは、誰かからの期待が明確であるかどうか、従業員が大切にされていると感じているかどうかなど、従業員は職場の多くの人から影響を受けていると考えるのが現実的だからである。しかし、マネジャーや上司は、こうした認識を支える行動を大切にする文化を確立するために、率先して行動できる立場にいる。

それぞれの概念的な関連性

Q0　総合満足度　この調査の最初の項目は、感情的満足度を「非常に不満」から「非常に満足」までの尺度で測定する。これは、人々が組織に対してどのように感じているかを示す態度的な成果、つまり直接的で反射的な測定である。感情的満足度の直接的な測定であることから、この項目の結果だけで行動するのは難しい。以下12項目で測定される他の問題が、人々がなぜ満足するのか、なぜ彼らが関与して成果を生み出すのかを説明する。

Q1　期待値　達成すべき成果を定義し、明確にすることは、最も基本的な従業員のニーズであり、マネジャーの責任である。これらの成果をどのように定義し、どのように行動するかは、事業・作業単位の目標に応じて異なる。

Q2　リソースや設備　仕事をするために必要なものを用意することは、効率を最大限に高め、従業員の仕事が高く評価されていることだけでなく、会社が従業員の仕事をサポートしていることを示すうえで重要である。優れたマネジャーは、従業員が「リソースや設備を要求することが組織の重要な成果にどうつながるか」を理解することを支援する。

Q3　自分の得意なことをする機会　人が本来持っている才能や強みを最大限に発揮できる役割に就けるように支援することは、優れたマネジャーが継続的に行う仕事である。ひとりひとりの違いを経験やアセスメントを通じて知ることは、役割のなかで、あるいは役割を超えて、人を効率的に配置し、高いパフォーマンスを実現するための障害を取り除くのに役立つ。

Q4　承認　従業員は、自分のやっていることが重要であるかどうかを知るために、常にフィードバックを必要とする。継続的なマネジメントの課題は、各人がどのように承認されたいのかを理解すること、パフォーマンスに基づいて行うことで客観的かつ現実的なかたちで承認すること、そしてそれを頻繁に実施することである。

Q5　人としての気づかい　人によって何を気づかいと感じるかは異なる。優れたマネジャーは、ひとりひとりの話に耳を傾け、その人特有のニーズに対応する。さらに、個人のニーズと組織のニーズのあいだにある関連性を見出す。

Q6　成長の後押し　どのようにコーチングされるかによって、従業員が自分の将来をどう認識するかが変わってくる。マネジャーが、従業員の才能に合った機会を提供することで従業員ひとりひとりの成長を支援しているなら、従業員と会社の両方が恩恵を受ける。

Q7　意見の考慮　従業員に意見を求め、その意見を考慮すると、多くの場合、よりよい意思決定につながる。なぜなら、一般的にマネジャーよりも従業員の方が、システム全体に影響を与える多くの要因について、より近い現場で接していることが多いからである。それは、顧客の問題から日々生産している製品まで多岐にわたる。さらに、従業員が意思決定に関与していると感じると、成果に対してより責任感を持つようになる。

Q8　ミッションと目的　優れたマネジャーは、仕事の目的だけでなく、ひとりひとりの仕事が組織の目的と成果にどう影響し、関連しているかまで従業員が理解するのを支援する。大事なことは、自分の仕事が、顧客や安全、公共などにどう影響を与えているか、日々の仕事の大局的な効果を従業員に思い出させることである。

Q9　質の高い同僚　マネジャーは、誠実で有能な従業員を選び、共通の目標や品質の評価基準を提示し、社員同士の交流の機会を増やすことで、従業員がお互いに敬意を払う度合いに影響を与えることができる。

Q10　最高の友人　職場の人々がお互いに知り合う機会をどの程度設けるか、また、職場での親密な信頼関係をどの程度重視するかは、マネジャーによって異なる。優れたマネジャーは、「職場で親しい友人関係を築くべきではない」とは思わない。お互いに知り合う機会を積極的に設けるのは、それが人間の基本的なニーズだと考えているからである。その結果、コミュニケーションや信頼関係などの成果に影響を与えることができる。

Q11 成長度合い 従業員ひとりひとりの進歩や成果、目標について話し合う時間を設けることは、マネジャーにとっても従業員にとっても重要なことである。優れたマネジャーは、ひとりひとりと定期的に話し合い、彼らから学ぶと同時に指導している。こうしたギブ・アンド・テークは、マネジャーと従業員がよりよい判断を下すのに役立つ。

Q12 学びと成長の機会 多くの従業員は、よい仕事をしていることを認知されるとともに、「自分が成長している」「知識やスキルを身につける機会がある」と知ることを必要としている。優れたマネジャーは、個人にも組織にもメリットのあるトレーニングを選ぶ。

Q12の実用性については、Wagner and Harter（2006）やGallup.comに掲載されているさまざまな記事でよりくわしく説明されている。

総計（項目Q1〜12の合計または平均値）として、Q12の事業・作業単位でのクロンバックのアルファ値は0・91である。Q1〜12の等加重平均（または合計、総平均）と、より長い調査の追加項目の等加重平均（または合計）に対するメタ分析の収束的妥当性は0・91である。これは、Q12が複合指標として、より長期の従業員調査における一般的な要素をとらえていることを示す証拠である。個々の項目は、より広い次元の真のスコア値と平均して約0・70の相関がある。Q12は、行動可能なエンゲージメント状態の測定値だが、その複合測定は、感情的満足度やその他の仕事へのエンゲージメントの直接的な測定と高い収束的妥当性を持っている（収束的妥当性と判別的妥当性の問題、およびエンゲージメントの構成要素についてのさらなる議論についてはHarter and Schmidt, 2008を参照）。

前述したとおり、Q12の事業単位レベルのメタ分析は今回が10回目となる。前回と比べて今回のメタ分析では以下を含んでいる。

- より多くの研究、事業・作業単位や国の数
- 2つの新しい成果（従業員のウェルビーイングと組織市民権）
- 事業・作業単位数の増加。欠勤率のデータを持つ事業・作業単位の数は2倍以上に、品質（欠陥）、離職率、顧客ロイヤルティ／エンゲージメント、生産性のデータを持つ事業・作業単位の数はそれぞれ79％、43％、23％、17％増加した。

そのため、本研究ではデータを大幅に更新している。

調査対象は、オーストラリア、ニュージーランド、アジア、ヨーロッパ、CIS、ラテンアメリカ、中東、北米、アフリカ、カリブ海の国々を含む96カ国の事業・作業単位である。今回のメタ分析に含まれる52社は、米国以外の国でのみ事業を展開している。

このメタ分析には、入手可能なすべてのギャラップの研究（発表済みか否かを問わず）が含まれている。したがって出版バイアスはない。

メタ分析、仮説、方法、そして結果

メタ分析

メタ分析とは、多くの異なる研究に基づいて蓄積されたデータを統計的に統合したものである。そのため、個々の研究の結果を歪める測定誤差やサンプリング誤差、その他の特異性を統制でき、他にはない確かな情報を提供する。メタ分析は、バイアスを排除し、2つ以上の変数間の真の妥当性や関係性を推定する。また、メタ分析で一般的に算出される統計値は、研究者が関係性のモデレーターの有無を探ることを可能にする。

心理学や教育学、行動学、医学、人事選考などの分野で1000件以上のメタ分析が行われている。行動科学・社会科学分野の研究文献には、一見すると結論が相反するような個別の研究が多数含まれている。しかし、メタ分析は、研究者が変数間の平均的な関係を推定し、研究間の知見のばらつきの人工的な原因を補正することを可能にする。メタ分析は、妥当性や関係性がさまざまな状況で（例えば、企業間や地理的な場所で）一般化するかどうかを研究者が判断するための方法を提供する。

この論文ではメタ分析の完全なレビューは行わない。背景情報や最近のメタ分析法のくわしい説明については、Schmidt and Hunter (2015); Schmidt (1992); Hunter and Schmidt (1990, 2004); Lipsey and Wilson (1993); Bangert-Drowns (1986); Schmidt, Hunter, Pearlman and Rothstein-Hirsh (1985) を参照されたい。

仮説と研究の特徴

今回のメタ分析で検討した仮説は以下のとおりである。

仮説1　事業単位の従業員エンゲージメントは、事業・作業単位の成果である顧客ロイヤルティ／エンゲージメント、収益性、生産性、ウェルビーイング、組織市民権と正の平均相関があり、離職率、安全上の事故、欠勤率、シュリンケージ、患者の安全性に関する事故、品質（欠陥）とは負の相関がある。

仮説2　エンゲージメントと事業・作業単位の成果との相関関係は、すべての事業・作業単位の成果について組織を超えて一般化する。つまり、これらの相関関係は、組織によって大きく異なることはない。特に、相関がゼロの組織や、仮説1とは逆方向にある組織は、あったとしてもほとんどないと思われる。

ギャラップの推論データベースには、276の独立した組織に対して独自の調査として行われた456の研究が含まれている。各Q12調査では、データは事業・作業単位レベルで集計され、以下の事業・作業単位のパフォーマンス指標の集計値と相関している。

●顧客指標（顧客ロイヤルティ／エンゲージメント）
●収益性
●生産性
●離職率
●安全上の事故
●欠勤率
●シュリンケージ
●患者の安全性に関する事故
●品質（欠陥）
●従業員のウェルビーイング
●組織市民権

つまり、これらの分析は、従業員個人ではなく事業・作業単位で行われた。従業員エンゲージメントの企業・職場単位の平均値（Q12項目の平均値）と、これら11の一般的な成果指標のそれぞれとの関係を推定し、相関関係（r値）を算出した。各企業の事業・作業単位間の相関を計算し、その相関係数をデータベースに入力した。そして、11種類の成果指標それそれについて、平均妥当性、妥当性の標準偏差、妥当性の一般化統計を算出した。

研究のなかには、これまでのメタ分析と同様に、エンゲージメントとパフォーマンスをほぼ同時期に測定したり、エンゲージメントの測定値がパフォーマンスの測定値よりもわずかに遅れて測定されたりする、併存的妥当性に関する研究もあった（エンゲージメントは比較的安定しており、最近の過去を総括したものであるため、このような研究は「併存的」とみなされる）。予測的妥当性の研究では、時間1でエンゲージメントを測定し、時間2でパフォーマンスを測定する。このメタ分析では、対象となった組織の47％について予測的妥当性の推定値が得られた。

本論文では、因果関係の問題には直接触れていない。因果関係の問題は、メタ分析の縦断的データ、複数の変数の検討、パス分析で扱うのが最適である。この問題については、他の文献でも広く議論・検討されている（Harter, Schmidt, Asplund, Killham, & Agrawal, 2010）。因果関係の研究結果は、エンゲージメントと財務パフォーマンスは相互に関連しているが、エンゲージメントは逆に財務パフォーマンスのより強い予測因子であることを示唆している。エンゲージメントと財務パフォーマンスの関係は、顧客の認知度や従業員の定着率など、他の成果との因果関係によって媒介されているように見受けられる。つまり、財務パフォーマンスは、顧客認識や従業員保持などの短期的な成果に対するエンゲージメントの効果に影響される下流の成果である。

今回のメタ分析の対象となる研究は、各分析において各組織を1回ずつ代表するように選択された。いくつかの組織では複数の研究が行われた。研究に参加している各組織の情報を可能な限り含めるために、いくつかの基本的なルールを用いた。同じ顧客に対して2つの併存的研究が行われた場合（Q12と成果のデータが同じ年に収集された場合）、複数の研究の加重平均効果量をその組織の値として収集した。ある組織が併存的研究と予測的研究（1年目にQ12を収集し、2年目に成果を追跡する）を行っていた場合、予測的研究の効果量を収集した。組織が複数の予測的研究を行っていた場合は、これらの研究の相関の平均値を収集した。ある組織の反復研究でサンプルサイズが大幅に異なる場合は、サンプルサイズが最大の研究を使用した。

●107の組織について、事業・作業単位の従業員の認識と顧客の認識の関係を調べた研究があった。顧客の認識には、顧客の評価指標、患者の評価指標、学生の教師に対する評価指標が含まれていた。これらの指標には、ロイヤルティや満足度、サービスの質、クレームの品質に関する顧客評価、ネットプロモータースコア、エンゲージメントなどが含まれていた。最も多かったのはロイヤルティ指標（例えば、推薦する可能性、ネットプロモーターやリピートビジネス）を含む研究で、本研究では顧客指標を「顧客ロイヤルティ／エンゲージメント」と呼ぶことにした。指標は研究ごとに異なる。顧客ロイヤルティの一般的な指標は、各尺度に含まれる項目の平均スコアだった。最近では、顧客とサービスを提供する組織との感情的なつながりを測定する「顧客エンゲージメント」を選択する研究が増えている。従業員エンゲージメントと顧客エンゲージメントの相互関係については、Fleming, Coffman and Harter (2005); Harter, Asplund and Fleming (2004) を参照していただきたい。

●収益性の調査は、90の組織で可能だった。収益性の定義は、通常、収益（売上）に対する利益の割合である。いくつかの企業では、各ユニットの相対的なパフォーマンスをより正確に測定するために、研究者は、利益の最良の測定方法として前年との差のスコアや予算額との差を使用していた。そのため、収益性の数値がユニット間で比較しにくいと考えられる場合には、機会（場所）を統制した。例えば、ある事業・作業単位の利益を売上高で割り、そこから予算割合を差し引いたものが、差分変数である。また、より明確に、事業・作業単位の正確な比較に関連すると考えられる場合には、場所の変数を統制して部分相関（r値）を算出する場合もあった。いずれの場合も収益性変数はマージンの尺度であり、生産性変数（後述）は生産量の尺度である。

● 162の組織について生産性調査が行われた。事業・作業単位の生産性を測る指標は、財務（顧客1人または患者1人当たりの売上高や販売額など）、生産された数（生産量）、プログラムへの登録者数、予算に対する時間や人件費、クロスセル、パフォーマンス評価、または学生の学業成績（3つの教育機関の場合）のいずれかで構成されていた。いくつかのケースでは、これが2分法の変数となっていた（パフォーマンスのよい事業・作業単位＝2、パフォーマンスの悪い事業・作業単位＝1）。生産性に含まれる変数の大半は、売上高や収益、または売上高や収益の伸びを示す財務指標だった。収益性と同様に、多くの場合、研究者はパフォーマンス目標や前年の数値と比較して、事業・作業単位の立地によるビジネスチャンスの差を統制したり、偏相関（r値）を明示的に計算したりする必要があった。このカテゴリーに含まれる変数は、財務指標、評価、生産記録などに要約される。

●離職率のデータは128の組織で入手できた。離職率の測定方法は、事業・作業単位ごとの従業員の離職率を年換算したものである。ほとんどの場合、自発的な離職率が報告され、分析に用いられた。

●安全上の事故に関するデータは59の組織で入手できた。安全上の事故の指標としては、労働損失あるいは時間当たりの事故率、事故や労災請求の結果として失われた労働日数の割合（事故とコスト）、事故件数、事故率などが挙げられる。

●37の組織の欠勤率のデータが含まれている。欠勤率の指標は、事業・作業単位ごとの1人当たり平均欠勤日数を就業可能な総日数で割ったものである。欠勤の指標には、病欠、欠勤時間、欠勤日数が含まれている。

●11の組織がシュリンケージの測定値を提供した。シュリンケージとは、従業員や顧客による窃盗、商品の紛失などによる、計上されていない商品の損失額のことである。拠点の規模がさまざまであることから、シュリンケージは総売上高に対する割合、または予想される目標値との差として計算された。

●10の医療機関が患者の安全性に関する事故の指標を提供した。この指標は、患者の転落率（全患者数に対する割合）、医療過誤率、感染率、リスク調整死亡率など多岐にわたる。

●20の組織が品質の測定方法を提供した。ほとんどの組織で品質は、売れ残りや返品、品質停止、スクラップ、作業効率、検査ごとの不合格品（製造業の場合）、強制停止（公益事業の場合）、懲戒処分、預金精度（金融業の場合）、その他の品質スコアなどの記録によって測定された。

品質指標の大部分は欠陥の尺度であるため（数値が大きいほどパフォーマンスが悪いことを意味する）、効率性の尺度と品質スコアは、すべての変数が同じ推論的解釈を持つように逆コード化された。

●従業員のウェルビーイングの指標は、12の組織で収集された。すべての研究でキャントリル尺度が用いられている。このキャントリル尺度は、回答者の「現時点」での生活評価と「約5年後」の予想される生活評価を0～10段階で測定するものである。尺度は、「想像しうる最高の生活（10）」から「想像しうる最悪の生活（0）」までをしっかり固定している。

●組織市民権の測定は、2つの組織で得られた。この指標は、会議やプログラムなど、従業員の利益を目的とした会社主催の活動に参加・登録した割合で構成されている。ウェルネス会議や確定拠出年金への登録などは、データを提供した2つの組織の例である。

全体の調査対象は、アンケートに回答した独立した従業員270万8538人と、276組織の11万2312の独立した事業・作業単位であり、事業・作業単位当たりの平均従業員数は24人、1組織当たりの事業・作業単位数は407だった。276組織で456回の調査研究を行った。

図表3－1は、このメタ分析の対象となった産業の概要を示している。54の業種の組織が研究を提供したことから、対象となる業種にはかなりの幅があることがわかる。政府の一般的な産業分類（SICコードによる）のそれぞれに組織が含まれており、サービス業、小売業、製造業、金融業の組織数が多くなっている。事業・作業単位の数が最も多いのは、サービス業、金融業、小

売業である。具体的な各業界の内訳の度数は、図表3－1に示している。

今回のメタ分析で対象とした事業・作業単位の種類を、図表3－2にまとめた。事業・作業単位には、店舗や工場・製造所、部署、学校など、かなりのバリエーションがある。全体では22種類の事業・作業単位があり、ワークグループ（チーム）、店舗、銀行支店の研究を行っている組織が最も多い。同様に、ワークグループ（チーム）、店舗、銀行支店は、事業・作業単位のなかでも最も高い比率を示している。

使用したメタ分析手法

分析には、真の妥当性の加重平均推定値、標準偏差推定値、およびこれらの妥当性に対するサンプリング誤差、従属変数の測定誤差、独立変数（Q12平均値）の範囲変動と制限に関する補正が含まれた。また、独立変数の測定誤差を補正した追加の分析も行われた。メタ分析の最も基本的なかたちは、分散推定値をサンプリング誤差に対してのみ補正するものである。ハンターとシュミットが推奨する補正には、範囲制限や収集されたパフォーマンス変数の測定誤差など、測定および統計上のアーチファクトに対する補正が含まれる（Hunter & Schmidt, 1990, 2004; Schmidt & Hunter, 2015)。以降のセクションでは、前述した手順の定義を説明する。

ギャラップの研究者は、パフォーマンス指標の信頼性を計算するために、複数の期間にわたってパフォーマンス変数のデータを収集した。こうした複数の測定値は各研究では得られないため、パフォーマンス変数の測定誤差を補正するために「アーチファクト分布メタ分析法」（Hunter &

Schmidt, 1990, pp.158-197; Hunter & Schmidt, 2004）を用いた。アーチファクト分布は、さまざまな研究から得られたテスト・再テスト信頼性がある場合は、それに基づいている。事業・作業単位の成果測定の信頼性を計算するために行った手順は、Schmidt and Hunter（1996）のシナリオ23と一致している。成果の一部の変化（安定性）が実際の変化の関数であることを考慮して、テスト・再テスト信頼性は次の式を用いて計算した。

$(r_{12} \times r_{23})/r_{13}$

ここで、r_{12}は、時間1で測定された成果と時間2で測定された成果との相関、r_{23}は、時間2で測定された成果と時間3で測定された成果との相関、r_{13}は、時間1で測定された成果と時間3で測定された成果との相関である。

右記の計算式は、測定エラー、データ収集エラー、サンプリング誤差（主に顧客および品質測定）、成果測定の統制不能な変動によって生じる事業・作業単位の結果のランダムな変化から、実際の変化（時間1から2、時間2から3よりも、時間1から3に発生する可能性が高い）を除外している。推定値は、四半期データのもの、半期データのもの、年次データのものがあった。このメタ分析に使用した成果物分布の平均期間は、各基準タイプの研究全体の平均期間と一致していた。測定誤差の補正に使用した信頼性のリストは、本稿の付録Aを参照されたい。信頼性に関するアーチファクト分布は、顧客ロイヤルティ／エンゲージメント、収益性、生産性、離職率、安全上の事故、品質（欠陥）測定について収集された。欠勤率、シュリンケージ、患者の安全性に関する事故、

産業	組織数	事業・作業単位の数	回答者数
飲食	8	1,296	57,104
電子機器	6	1,483	104,273
エンターテインメント	1	106	1,051
食品	6	7,101	344,559
産業機器	1	11	484
その他	12	4,170	158,264
医薬品	2	8,288	171,463
サービス業			
農業	1	7	635
ビジネス	4	1,258	16,162
教育	10	1,259	22,142
行政	7	11,127	213,631
健康	68	14,807	326,483
接客	11	1,241	190,473
老人ホーム	2	508	28,768
個人サービス	1	424	3,226
不動産	4	321	7,924
娯楽・保養	2	49	1,969
社会福祉	4	1,621	28,602
交通・公共事業			
航空会社	1	111	2,293
通信	7	4,234	46,784
配送	1	639	53,151
電気・ガス・衛生	5	3,183	28,887
非危険物の廃棄物処理	1	727	28,600
トラック輸送	1	100	6,213
小計			
金融業	46	28,249	308,296
製造業	47	15,496	413,023
素材・建設業	4	1,270	29,932
小売業	49	25,681	951,344
サービス業	114	32,622	840,015
交通・公共事業	16	8,994	165,928
合計	276	112,312	2,708,538

図表3-1　**産業の概要**

産業	組織数	事業・作業単位の数	回答者数
金融業			
商業銀行	6	3,132	21,435
クレジット	2	59	581
受託	21	16,230	176,430
保険	10	7,837	79,464
モーゲージ	1	27	985
非預金型	1	94	2,038
証券	4	797	25,833
金融取引	1	73	1,530
製造業			
航空機	1	3,411	37,616
アパレル	1	16	111
自動車	1	30	1,453
建築材料	1	8	1,335
化学物質	1	928	8,203
電子機器	3	239	27,002
消費財	5	289	13,098
食品	7	3,116	91,337
ガラス	1	5	1,349
産業機器	1	89	639
楽器	8	535	5,848
その他	4	924	22,481
製紙業	2	753	27,025
医薬品	5	4,103	39,575
プラスチック	1	133	938
印刷	2	35	716
船舶建造	3	882	134,297
素材・建設業			
素材・建設	4	1,270	29,932
小売業			
自動車	4	261	13,614
建築材料	3	1,158	65,001
衣類	4	1,055	28,937
百貨店	2	752	6,594

図表3-2　事業・作業単位の概要

事業・作業単位	組織数	事業・作業単位の数	回答者数
銀行支店	20	18,118	196,481
コールセンター	7	1,240	22,076
保育センター	1	1,562	25,661
コストセンター	16	3,675	76,758
国	1	26	2,618
販売店	7	423	16,940
部門	12	1,553	33,132
ディビジョン	3	714	134,703
設備	2	1,080	55,182
病院	7	800	69,028
ホテル	9	846	182,953
所在地	14	11,414	269,829
モール	2	216	3,790
患者ケアユニット	8	2,825	52,703
プラント／ミル	8	2,106	100,871
地域	2	113	13,520
レストラン	6	588	34,866
販売部門	6	391	21,722
販売チーム	6	420	27,543
学校	6	409	10,496
店舗	37	24,124	893,781
ワークグループ（チーム）	96	39,669	463,885
合計	276	112,312	2,708,538

従業員のウェルビーイング、組織市民権については、本調査の時点では入手できなかったため、収集されていない。したがって、これらの成果の想定信頼度は1・00であり、その結果、真の妥当性の推定値は下方に偏ったものとなった（ここで報告された妥当性の推定値は現実よりも低い）。これらの変数のアーチファクト分布は、今後入手可能になれば追加される予定である。

独立変数（Q12で測定された従業員エンゲージメント）が成果を予測するために実際に使用されているので、実務担当者は使用されている測定ツールの信頼性と共存しなければならないと主張することができる。しかし、独立変数の測定誤差を補正することは、実際の構成要素（真のスコア）がお互いにどのように関係しているかという理論的な疑問に答えることになる。そのため、独立変数の信頼性を補正する前と後の両方の分析結果を示す。本稿の付録Bは、Q12の平均値の信頼性の分布を示したものである。これらの値は、パフォーマンス成果の場合と同じ方法で算出した。

範囲変動や範囲制限を補正する際には、そのような補正が必要かどうかについて検討しなければならない基本的な理論上の問題がある。人事選考では、仕事への応募者を選択する際に、予測因子で最高得点を得た人が一般的に選択されるため、妥当性は範囲制限のために日常的に補正される。これは、観察された相関を下方にバイアスする明示的な範囲制限の結果である（つまり減衰）。しかし、従業員満足度とエンゲージメントの分野では、職場に存在する結果を研究しているので、明示的な範囲制限はないと主張することができる。事業・作業単位は、予測変数のスコア（Q12スコア）に基づいて選択されていない。

しかし、エンゲージメントの標準偏差には、企業によってばらつきがあることが判明した。このばらつきが生じる理由についてのひとつの仮説は、企業によって、従業員満足度やエンゲージメントの取り組みをどのように奨励しているか、また、共通の価値観や共通の文化をどのように構築しているか、あるいは構築していないかが異なるということである。そのため、調査対象となった組織全体の事業・作業単位の母集団の標準偏差は、一般的な企業内の標準偏差よりも大きくなる。このような企業間の標準偏差のばらつきは、(直接的な範囲制限ではなく)間接的な範囲制限と考えることができる。このメタ分析には、改良された間接的範囲制限の補正が組み込まれている(Hunter, Schmidt, & Le, 2006)。

私たちはQ12を開発して以来、4300万人以上の回答者、510万の企業・職場単位、5076の組織に関する記述的なデータを収集してきた。このようなデータの蓄積により、企業内の標準偏差は、全企業・職場単位の母集団における標準偏差の約5分の4であることがわかった。また、母集団の値に対する組織の標準偏差の比率は、組織ごとに異なる。したがって、全事業所の母集団における効果量を推定することが目的なら(理論的に重要な問題であることは間違いない)、そのような入手可能なデータに基づいて補正を行うべきである。観察されたデータでは、事業・作業単位間のばらつきが母集団の平均値よりも小さい組織では相関が弱くなり、その逆もまた同様である。このように、組織間の標準偏差のばらつきは、観察された相関関係にばらつきを生じさせるので、妥当性の一般化可能性を解釈する際に補正可能な人工物である。Harter & Schmidt (2000) の付録には、メタ分析に使用される範囲制限や変動補正のアーチファクト分布が記載されている。これらのアーチファクト分布は2009年に大幅に更新され、今回のメタ分析でも更新されている。現在のアーチファクト分布には、無作為に選んだ100の組織が含まれている。これらの図表はサイズが大きいため、本稿には記載していない。先の研究で報告されたものと似ているが、より多くの項目が含まれている。

アーチファクト分布を用いたメタ分析の概要を以下に抜粋する。

あるメタ分析では、アーチファクト情報が散発的にしか得られないアーチファクトがいくつかあるかもしれない。例えば、測定誤差と範囲制限がサンプリング誤差以外の唯一の関連人工物であるとする。このような場合、典型的なアーチファクト分布に基づくメタ分析は次の3つのステップで行われる。

1 観察された相関の分布、独立変数の信頼性の分布、従属変数の信頼性の分布、範囲の逸脱の分布という4つの分布に情報をまとめる。そして、各研究が含むあらゆる情報を提供しながら、一連の研究から4つの平均と4つの分散がまとめられる。

2 観測された相関関係の分布は、サンプリング誤差で補正される。

3 サンプリング誤差を補正した分布は、測定誤差と範囲変動を補正する（Hunter & Schmidt, 1990, pp.158-159; Hunter & Schmidt, 2004）。

本研究では、観測された相関関係から始めて、サンプリング誤差、測定エラー、範囲変動を補正するというように、分析の各レベルで統計データを計算して報告している。組織内の範囲変動補正（妥当性の一般化推定値を補正するため）と組織間の範囲制限補正（組織間の変動の違いを補正するため）の両方が行われた。組織間の範囲制限補正は、すべての組織の事業・作業単位間でエンゲージメントがどのようにパフォーマンスに関係しているかを理解するうえで重要である。前述したように、このメタ分析では間接的範囲制限補正手順を適用した（Hunter et al., 2006）。

メタ分析では、サンプルサイズで加重した平均妥当性と、各妥当性をサンプルサイズで再度加重した相関全体の分散の推定値が含まれる。サンプリング誤差に基づいて加重した相関に予測される分散の量も計算された。以下は、前述したハンターらの手法（Hunter et al., 2006）を用いて、「骨太の」メタ分析でサンプリング誤差から予想される分散を計算するための式である。

$$S_e^2=(1-\bar{r}^2)^2/(\bar{N}-1)$$

残留標準偏差は、観測された分散から、サンプリング誤差による分散量、従属変数の測定誤差の研究差による分散量、および範囲変動の研究差による分散量を差し引いて算出した。標準偏差の真の妥当性を推定するために、残留標準偏差を平均値の信頼性の低さと平均値の範囲制限によるバイアスで調整した。説明された分散の合計割合を計算するため、サンプリング誤差、測定誤差、範囲変動に起因する分散の量を観察された分散で割った。一般に、研究間の妥当性の変動のうち高い割合（例えば75％）がサンプリング誤差やその他の人工物によるものである場合、あるいは90％信頼性値（真の妥当性の分布の10パーセンタイル）が仮説の方向にある場合には一般化可能性があるとされる。Harter et al.（2002）; Harter et al.（2006）; Harter et al.（2009）; Harter et al.（2013）; Harter et al.（2016）と同様に、エンゲージメントと複合パフォーマンスの相関関係を計算した。この計算では、マネジャーは複数の成果に向けて同時に管理しており、各成果がパフォーマンスの全体的な評価においてある程度のスペースを占めていることを想定している。パフォーマンスの複合指標との相関を計算するためにMosier（1943）の公式を用いて、成果指標の信頼性分布と相互相関より、複合指標の信頼性を判断した（Harter et al., 2002）。患者の安全性に関する事故は業界特有の変数であるため、より一般的な「安全性」カテゴリーと組み合わせた。この複合指標の信頼性は0・91である。複合パフォーマンスは、顧客ロイヤルティ／エンゲージメント、離職率（定着率を逆に採点）、安全性（安全上の事故および患者の安全性に関する事故を逆に採点）、欠勤率（逆に採点）、シュリンケージ（逆に採点）、財務（収益性と生産性を均等に重み付けして採点）、品質（欠陥を逆に採点）を均等に重み付けした合計値として測定した。また同様に、複合パフォーマンスを、エンゲージメントの最も直接的な成果（顧客ロイヤルティ／エンゲージメント、離職率〈定着率を逆に採点〉、安全性（安全上の事故および患者の安全性に関する事故を逆に採点）、欠勤率（逆に採点）、シュリンケージ（逆に採点）、品質（欠陥を逆に採点）を均等に重み付けした合計としても算出した。この複合変数の信頼性は0・89である。新たに追加された成果（ウェルビーイングと組織市民権）については、他の成果変数との相互相関の推定値がないため、複合パフォーマンスの推定値に含めなかった。

私たちの研究では、Schmidt & Le（2004）のメタ分析パッケージ（間接的な範囲制限の補正を行ったアーチファクト分布メタ分析法）を使用した。このプログラムパッケージはHunter & Schmidt（2004）に記載されている。

結果

本稿では、従業員エンゲージメント（Q12の平均値を均等に重み付けして定義）全体とさまざまな成果との関係に焦点を当てて分析している。図表3―3は、調査した11の成果のそれぞれについて、従業員エンゲージメントとパフォーマンスの関係についての最新のメタ分析および妥当性一般化統計を示している。観察された相関の平均値と標準偏差に続いて、2種類の真の妥当性の推定が行われている。ひとつ目は、組織内の範囲変動と従属変数の測定誤差を補正するものである。この範囲変動の補正は、事業・作業単位間の従業員エンゲージメントの変動という点で、すべての組織を同じ基準にする。この結果は、平均的な組織内の事業・作業単位間の関係を推定していると見ることができる。もうひとつは、事業・作業単位の母集団における範囲制限と、従属変数の測定誤差を補正するものである。後者の範囲制限補正を含む推定値は、特定の組織内で予想される効果ではなく、組織全体の事業・作業単位における効果の解釈に適用される。組織横断的な事業・作業単位のエンゲージメントには、平均的な組織内よりも多くのばらつきがあるので、組織横断的な事業・作業単位について真の妥当性の推定値を計算すると効果量が大きくなる。

例えば、顧客ロイヤルティ/エンゲージメントの基準に関連する推定値を見てみると、組織間の範囲制限補正（典型的な組織内の効果に関連する）を行わない場合、従業員エンゲージメントの真の妥当性の値は0・20で、90％信頼性値（CV）は0・13である。組織間の範囲制限補正（組織を超えた事業・作業単位に関連する）を行うと、従業員エンゲージメントの真の妥当性の値は

0・29に、90%CVは0・19になる。

これまでのメタ分析と同様に、従業員エンゲージメントと顧客ロイヤルティ／エンゲージメント、収益性、生産性、離職率、安全性、シュリンケージ、品質（欠陥）の成果との関係について、組織を超えた高い一般化可能性が示された。また、新たに加わった2つの成果（ウェルビーイングと組織市民権）についても、相関関係は高い一般化可能性を示している。11の成果のなかでは、従業員エンゲージメントとウェルビーイングの相関が最も強く、観測相関の平均値は0・56、真の妥当性は0・72だった。11の成果のうち、組織間の相関のばらつきのほとんどは、個々の研究におけるサンプリング誤差、測定誤差、または範囲制限の結果だった。90%CVは、すべて仮説の方向にある。組織間の相関の変動が最も大きかったのは、欠勤率の成果だった。これは主に、過去の研究で観察されたものよりも大幅に強い相関を持つ非常に大規模な研究が1件加わったためである。エンゲージメントと欠勤率の関係の真の妥当性の平均値はマイナス0・38、90%CVはマイナス0・21で、関係の方向性に広い一般性があることを示している。効果の方向性は予測可能だが、企業によって効果の大きさは多少異なる。アーチファクトは、従業員エンゲージメントとほとんどの成果の相関の分散のすべてを説明するものではないが、ほぼすべての成果の分散の高い割合を説明している。これは、Q12の従業員エンゲージメントの測定値が、異なる産業や異なる国の組織を含めて、これらの成果を期待される方向に効果的に予測していることを意味する。

まとめると、図表3－3に示したエンゲージメントの複合指標では、ウェルビーイング、患者

図表３-３　従業員エンゲージメントと事業・作業単位のパフォーマンスの関係性についてのメタ分析

	顧客ロイヤルティ／エンゲージメント	収益性	生産性	離職率	安全上の事故	欠勤率	シュリンケージ	患者の安全性に関する事故	品質（欠陥）	ウェルビーイング	組織市民権
事業・作業単位数	25,391	32,298	53,228	62,815	10,891	24,099	4,514	1,464	4,150	2,651	1,693
r の数	107	90	162	128	59	37	11	10	20	12	2
観測された平均値 r	0.16	0.09	0.13	−0.08	−0.13	−0.27	0.09	−0.43	−0.20	0.56	0.08
観測された SD	0.09	0.07	0.08	0.06	0.09	0.13	0.06	0.15	0.11	0.04	0.01
真の妥当性[1]	0.20	0.10	0.15	−0.12	−0.15	−0.27	−0.09	−0.43	−0.21	0.57	0.08
真の妥当性 SD[1]	0.05	4.00	0.05	0.05	0.03	0.10	0.03	0.08	0.07	0	0
真の妥当性[2]	0.29	0.15	0.21	−0.18	−0.21	−0.38	−0.12	−0.56	−0.29	0.71	0.12
真の妥当性 SD[2]	0.07	0.06	0.06	0.07	0.05	0.13	0.05	0.09	0.09	0	0
サンプリング誤差による分散（%）	50	58	46	49	73	8	60	23	40	114	708
分散（%）[1]	78	73	72	73	90	37	74	66	63	729	995
分散（%）[2]	78	73	72	73	90	37	74	66	64	810	995
90% CV[1]	0.13	0.05	0.09	−0.06	−0.11	−0.14	−0.05	−0.32	−0.12	0.57	0.08
90% CV[2]	0.19	0.08	0.13	−0.09	−0.16	−0.21	−0.06	−0.44	−0.18	0.71	0.12

r ＝ 相関関係　　SD ＝ 標準偏差　　CV ＝ 信頼性値

（注1）組織内の範囲変動と従属変数の測定誤差の補正を含む

（注2）事業・作業単位の母集団における範囲制限と従属変数の測定誤差の補正を含む

の安全性に関する事故、欠勤率、品質（欠陥）、顧客ロイヤルティ／エンゲージメント、安全上の事故、生産性に最も強い効果が見られた。また、収益性、シュリンケージ、離職率、組織市民権については、相関性は低いものの高い一般化が見られた。

収益性の場合は、従業員のエンゲージメントに間接的に影響され、より直接的には、顧客ロイヤルティ／エンゲージメント、生産性、離職率、安全上の事故、欠勤率、シュリンケージ、患者の安全性に関する事故、品質などの変数に影響されると考えられる。生産性の変数には、事業・作業単位の生産性を示すさまざまな指標が含まれているが、そのほとんどが売上データであることを留意されたい。メタ分析に含まれる2つの財務変数（売上高と利益）のうち、エンゲージメントは売上高とより高い相関がある。これは、日々の従業員のエンゲージメントが、顧客ロイヤルティ／エンゲージメント、離職率、品質など、売上に関係する変数に影響を与えるからだと考えられる。実際、これは、われわれが因果関係分析で経験的に発見したことでもある（Harter et al., 2010）。シュリンケージの場合は、盗難や在庫への注意、商品の破損など多くの要因が影響するため、相関性はやや低いのかもしれない。次のセクションでは、観測された関係の有効性について検討する。

Harter et al.（2002）と同様に、従業員エンゲージメントと複合パフォーマンスの相関を計算した。先に定義したように、図表3－4には、観測された相関関係、従属変数の測定誤差の補正、従属変数の測定誤差と企業間の範囲制限の補正、従属変数の測定誤差、範囲制限、独立変数の測定誤差の補正（真のスコア相関）の４つの分析の相関とd値を示している。

図表3-4　従業員エンゲージメントと複合的事業・作業単位のパフォーマンスの相関関係（すべての成果）

分析	従業員エンゲージメントと複合パフォーマンスの相関性
観測されたr	0.30
d	0.63
r（従属変数の測定誤差を補正）	0.31
d	0.65
r（従属変数の測定誤差と企業間の範囲制限を補正）	0.41
d	0.90
ρ（従属変数の測定誤差、範囲制限、独立変数の測定誤差を補正）	0.49
δ	1.12

r＝相関関係
d＝標準偏差単位の差
ρ＝真のスコア相関
δ＝真のスコア差（標準偏差単位）

これまでのメタ分析と同様に、図表3－4に示された効果量は、エンゲージメントと複合パフォーマンスのあいだに実質的な関係があることを示している。

企業内のエンゲージメントの上位半分の事業・作業単位は、エンゲージメントの下位半分の事業・作業単位と比較して、複合パフォーマンスが0・65標準偏差単位で高い。

企業全体で見ると、エンゲージメントが上位半分にある事業所は、下位半分にある事業所に比べて、複合パフォーマンスが0・90標準偏差単位で高くなっている。利用可能なすべての研究成果物を補正した後（真のスコアの関係を調べた後）、従業員エンゲージメントで上位半分にある事業・作業単位は、従業員エンゲージメントで下位半分の事業・作業単位と比

図表3-5　従業員エンゲージメントと複合的事業・作業単位の
パフォーマンスの相関関係（直接的な成果）

分析	従業員エンゲージメントと複合パフォーマンスの相関性
観測された r	0.29
d	0.61
r（従属変数の測定誤差を補正）	0.31
d	0.65
r（従属変数の測定誤差と企業間の範囲制限を補正）	0.41
d	0.90
ρ（従属変数の測定誤差、範囲制限、独立変数の測定誤差を補正）	0.49
δ	1.12

r = 相関関係
d = 標準偏差単位の差
ρ = 真のスコア相関
δ = 真のスコア差（標準偏差単位）

べて複合パフォーマンスが1・12標準偏差単位高い。これは、すべての事業・作業単位において時間の経過とともに期待される真のスコア効果である。

前述したように、従業員のエンゲージメントが直接的な成果をもたらす成果もあれば（顧客ロイヤルティ／エンゲージメント、離職率、安全性、欠勤率、シュリンケージ、品質〔欠陥〕）、中間的な成果（売上高、利益）がより下流の成果をもたらす成果もある。このため、短期的な成果に対する複合的な相関関係も算出した。図表3－5は再び、エンゲージメントと複合パフォーマンスのあいだに実質的な関係があることを示している。観測された相関関係とd値は、図表3－4で報告されたものと同じ大きさである。

効用分析：効果の実用性

　これまで、仕事の満足度とパフォーマンスの関係についての研究では、報告された関係の有効性についての分析が限られていた。相関関係を些細なものとして割り切り、その関係の潜在的な有効性を実際に理解しようとする努力がなされてこなかった。Q12には、ギャラップの研究者が、現場のマネジャーや事業・作業単位内の人々が変更可能であると判断した項目が含まれている。このように潜在的な変化の有効性を理解することは非常に重要である。

　先行研究には、数値的に小さいまたは中程度の効果が、しばしば大きな実用的な効果につながるという多くの証拠が含まれている（Abelson, 1985; Carver, 1975; Lipsey, 1990; Rosenthal & Rubin, 1982; Sechrest & Yeaton, 1982）。図表3－6に示すように、この研究では実際にそうなっている。この研究で言及されている効果量は、他のレビューで言及されている実用的な効果量と一致するか、それ以上である（Lipsey & Wilson, 1993）。

　効果の実用的な価値を表示するより直感的な方法は、2項効果量表示（ＢＥＳＤ）である（Rosenthal & Rubin, 1982; Grissom, 1994）。ＢＥＳＤは通常、治療群と対照群の成功率を、関心のある成果変数の中央値を上回るパーセンテージで表示する。

　ＢＥＳＤは、本研究の結果に適用することができる。図表3－6は、従業員エンゲージメント（Q12）の複合指標の高スコアと低スコアの事業・作業単位について、複合パフォーマンスの中

図表3-6　従業員エンゲージメントと成果に関するBESD

従業員エンゲージメント	企業内の事業・作業単位	企業全体の事業・作業単位
	複合パフォーマンス（合計）の中央値を上回る割合（%）	複合パフォーマンス（合計）の中央値を上回る割合（%）
上位半分	66	71
下位半分	34	29
	複合パフォーマンス（直接的な成果）の中央値を上回る割合（%）	複合パフォーマンス（直接的な成果）の中央値を上回る割合（%）
上位半分	66	71
下位半分	34	29

央値を上回る事業・作業単位の割合を示している。真の妥当性推定値（従属変数の測定誤差のみを補正したもの）は、組織内および組織間の事業・作業単位の分析に使用された。

図表3－6を見ると、上位半分と下位半分のあいだに意味のある違いがあることがわかる。上位半分は、Q12で上位50％のスコアを獲得した事業・作業単位の平均で、下位半分は下位50％のスコアを獲得した事業・作業単位の平均と定義される。図表3―6から明らかなように、経営者は、下半分の事業・作業単位ではなく、むしろ上半分の事業・作業単位で何が起こっているかを研究すれば、成功についてより多くのことを学べるだろう。

複合的な事業・作業単位のパフォーマンスに関しては、従業員エンゲージメントが上位半分の事業・作業単位は、自組織での成功率が94％高く、調査対象となったすべての企業の事業・作業単位全体での成功率が145％高い。言い換えれば、従業員エンゲージメントが高い事業・作業単位は、自組織での複合パフォーマンスが平均以上になる確率がほぼ2倍になり、全組織の事業・作業単位全体での成功率が平均以上になる確率が2・45倍になる。

このことをさらに説明するために、図表3－7は、さまざまなレベルの従業員エンゲージメントにおける平均以上のパフォーマンスの確率を示している。ギャラップのデータベースに登録されているすべての事業・作業単位のなかで、

図表3-7　異なる従業員エンゲージメント・パーセンタイルにおいて、複合パフォーマンスが会社の中央値を上回る割合

従業員エンゲージメントパーセンタイル	会社の中央値を上回る割合
99以上	83
95	75
90	70
80	63
70	58
60	54
50	50
40	46
30	42
20	37
10	30
5	25
1以下	17

従業員エンゲージメントのレベルが最も高い事業・作業単位は、高い（平均以上の）複合パフォーマンスを持つ確率が83%になる。これに対し、従業員エンゲージメントのレベルが最も低い企業は17%の確率である。つまり、従業員エンゲージメントが高くなくても、高いパフォーマンスを達成することは可能だが、その確率は大幅に低くなる（実際には5倍近く低くなる）。

この研究から得られた効果の背後にある実際的な意味を表現する他の形式として、効用分析法

がある（Schmidt & Rauschenberger, 1986）。従業員の選考が改善された結果、生産高がドル換算で増加することを推定する公式が導き出されている。これらの公式は、効果の大きさ（相関）、研究対象となる成果の変動性、独立変数の差（この場合はエンゲージメント）を考慮しており、Q12スコアの分布における異なるレベルでのパフォーマンス効果の差を推定する際に使用することができる。これまでの研究（Harter et al., 2002; Harter & Schmidt, 2000）では、効用分析の例として、Q12の上位4分位と下位4分位のあいだの成果の差を比較している。2002年のメタ分析の対象となった企業では、エンゲージメントの上位4分位値と下位4分位値の差は、顧客ロイヤルティ／エンゲージメントで2～4ポイント、収益性で1～4ポイント、月当たりの生産性の数値で数十万ドル、低離職率組織の離職率で4～19ポイント、高離職率組織の離職率で14～51ポイントというのが典型的な例だった。

ギャラップの研究者は最近、同じような成果指標を持つ複数の組織で効用分析を行った（Harter et al., 2002で発表された分析を更新したもの）。エンゲージメントの上位4分位と下位4分位を比較したときの事業・作業単位の差の中央値は次のとおり。

- 顧客のロイヤルティ／エンゲージメント　10％
- 収益性　23％
- 生産性（売上）　18％
- 生産性（生産記録と評価）　14％

●高離職率組織（年換算離職率が40％以上の組織）の離職率　18％
●低離職率組織（年換算離職率が40％以下の組織）の離職率　43％
●安全上の事故（アクシデント）　64％
●欠勤率　81％
●シュリンケージ（従業員による窃盗）　28％
●患者の安全性に関する事故（死亡率および転倒率）　58％
●品質（欠陥）　41％
●従業員のウェルビーイング（生き生きしている従業員）　66％
●組織市民権　13％

右記の差とそのドル換算した効用は、組織固有の指標、状況、事業・作業単位間の成果の分布を考慮して、組織ごとに計算する必要がある。中央値の推定値は、類似した成果タイプの組織データに基づいて426件の研究で実施された効用分析の分布における中間点を示している。

事業に多くの事業・作業単位がある場合、右記の関係は非自明であることがわかる。効用分析のポイントは有効性を真剣に考えてきた文献とも一致するが、従業員エンゲージメントと組織の成果との関係は、控えめに表現されていても実用的な観点からは意味があるということになる。

ディスカッション

今回更新されたメタ分析の結果は、これまでにQ12を用いて行われたメタ分析に対して、引き続き大規模な相互検証を提供するものである。今回の研究では、メタ分析データベースの規模が3万64事業・作業単位（37％増）となり、調査対象の国や事業所の数も増加した。エンゲージメントとパフォーマンスとの関係は、事業・作業単位で見ると引き続き実質的であり、企業間での一般化が可能であることが明らかになった。企業間の相関関係の違いは、主に調査結果に起因する。2016年にサンプルサイズが1万事業・作業単位以上だった成果（顧客ロイヤルティ／エンゲージメント、収益性、生産性、離職率、欠勤率）については、今回更新したメタ分析の結果がほぼ完全に再現されている。最初の4つの成果について、2016年から2020年までの効果量の差は0・00から0・02であり、一般化可能性の証拠は引き続き充実していた。欠勤率は、効果量が0・16増加しているが、これはひとつの大規模な研究が、メタ分析における他の研究の組み合わせよりも大幅に高い効果量を示した結果であると考えられる。しかし、エンゲージメントと欠勤率の関係の方向性は、高い一般化可能性を示した（90％CVマイナス0・21）。

このデータベースの規模は、従業員エンゲージメントとビジネス成果のあいだの真の関係の方向性と大きさが確かなものであるという確信を与えてくれる。また、メタ分析を何度も繰り返して一貫した結果が得られたことは、この研究シリーズが始まった1997年以降、異なる経済状況やテクノロジーの大規模な変化のなかでも、職場の認識が企業にとって重要であり、関連性があることを物語っている。前述したように、最近のメタ分析では、過去の景気後退期にエンゲージメントとパフォーマンスの相関性がやや高いことがわかっている（Harter et al., 2020）。

この最新のメタ分析から得られた知見が重要なのは、一般化可能なツールを開発し、異なる組織間で使用しても重要なパフォーマンス関連情報を引き出すことができるという高い信頼性を引き続き強化しているからである。本研究のデータは、「従業員にとって最善のことを行うことは、事業や組織にとっての最善のことと矛盾する必要はない」という理論をさらに実証するものである。本研究では、従業員エンゲージメントとウェルビーイングの間に強い関係があることが新たに報告され、この概念がさらに強化された。

エンゲージメントとウェルビーイングの強い関連性は、先行研究によって裏付けられている。世界中のサンプルで、職場でのエンゲージメントと生活満足度、日々の経験、健康の間に一貫した関連性があることがわかっている（Gallup, 2010）。ある長期的な研究では、エンゲージメントの変化が、人口統計や健康歴、薬の使用状況を考慮したうえで、コレステロールとトリグリセド（血液サンプル）の変化を予測することがわかった（Harter, Canedy, & Stone, 2008）。さらに最近では、エンゲージした従業員とエンゲージしていない従業員を比較すると、瞬間的な感情とコルチゾールに違いがあることが観察された（Harter & Stone, 2011）。今回の研究でわかったエンゲージメントと組織市民権の関連性と一致するように、以前の研究では、職場でのエンゲージメントが組織主催の健康プログラムへの参加の可能性を予測することがわかっている（Agrawal & Harter, 2009）。

以前のメタ分析では、職務態度と組織市民権行動との間に強い関連性があることが判明している(Whitman et al., 2010)。また、エンゲージメントは、多様なグループ内での包括性の認識に不可欠であることが示されている(Jones & Harter, 2004; Badal & Harter, 2014)。これらの研究を総合すると、エンゲージした職場の効果は非常に広範囲に及ぶことがわかる。

また特筆すべき点は、ギャラップのコンサルタントがマネジャーを教育し、企業と協力して変革に取り組んだ場合、従業員エンゲージメントは1〜2年目に平均して2分の1の標準偏差で成長し、3年以上後には多くの場合、全標準偏差またはそれ以上の成長が見られたことである。適用された測定ツールと改善プロセスの有効性を示す重要な要素は、調査対象の変数をどの程度変化させることができるかということである。現在の証拠からは、従業員エンゲージメントは変更可能であり、事業・作業単位によって大きく異なるといえる。

本稿で紹介した効用分析および他で立証した効用分析で示したように、観察された効果の大きさは、特にここで測定されたエンゲージメントがかなり変化しやすいことを考えると、重要な実用的意味を持つといえる。

Schmidt & Hunter（1996）のシナリオ23に基づく

顧客ロイヤルティ／エンゲージメント		収益性		生産性		離職率		安全性		品質（欠陥）	
信頼性	度数	信頼性	度数	信頼性	度数	信頼性	度数	信頼性	度数	信頼性	度数
0.89	1	1.00	3	1.00	4	1.00	1	0.84	1	0.94	1
0.87	1	0.99	2	0.99	2	0.63	1	0.82	1		
0.86	1	0.94	1	0.92	2	0.62	1	0.66	1		
0.84	1	0.93	1	0.90	1	0.60	1	0.63	1		
0.75	1	0.91	1	0.62	1	0.39	1				
0.58	1	0.90	1	0.57	1	0.27	1				
0.53	2	0.89	2	0.34	1	0.25	1				
0.52	1	0.79	1	0.24	1						
0.51	1	0.57	1								
0.46	1	0.56	1								
0.41	1										
0.33	1										

Schmidt & Hunter（1996）のシナリオ23に基づく

エンゲージメント	
信頼性	度数
0.97	1
0.92	1
0.86	1
0.84	1
0.83	1
0.82	3
0.81	1
0.80	3
0.79	2
0.78	1
0.77	1
0.76	1
0.75	4
0.74	1
0.71	1
0.70	1
0.69	1
0.66	2
0.65	2
0.63	1
0.61	2
0.60	1
0.55	1
0.47	2
0.45	1
0.35	1
0.27	1

謝辞

本書は、ギャラップの研究者、コンサルタント、クライアント企業、学術界の一流科学者たちが、世界中の職場で働く1億人の従業員の意見や行動をもとに、何十年にもわたって行ってきた調査の成果です。私たちがデータから結果を抽出し、本書にまとめる一方で、次ページに紹介するチームが指示、批判的フィードバック、編集を行いました。

今日の私たちがあるのは、ノーベル賞受賞者のダニエル・カーネマンとアンガス・ディートンのすばらしいソートリーダーシップ（thought leadership）のおかげです。世界で最も多くのウェルビーイング研究者であるエド・ディーナーは、何十年にもわたって私たちとパートナーを組んできました。彼がウェルビーイングの先端科学に与えた影響は非常に大きいものです。また、ギャラップのシニア・サイエンティスト&アドバイザーであるリサ・バークマン、ミハイ・チクセントミハイ、ジョン・ヘリウェル、ヤン・エマニュエル・ドゥ・ネーヴ、ジェフリー・フェッファー、フランク・シュミット、アーサー・ストーンの協力にも感謝します。

ギャラップのルーツであり、ウェルビーイング科学の初期を切り開いたジョージ・ギャラップ（1901〜1984）、ドン・クリフトン（1924〜2003）、ゲイル・ミュラー（1944〜2015）に感謝します。ギャラップ博士は、1930年代から最初の科学的サンプリング手法を考案し、「人々の意思」の研究にそのキャリアを費やしました。クリフトン博士は、強みに基づく心理学の父であり、クリフトン・ストレングス・アセスメントの開発者であり、人々のよいところを研究することを私たちに教えてくれました。ミュラー博士は、ギャラップの代表的な「ワールド・ポール」を設計・構築し、世論調査の歴史の中で最も偉大な功績を残しました。

最後に、ユナイテッド航空のF4ゲートにいた女の子とラリンダにも感謝を。

編集者：Geoff Brewer
ギャラッププレス社：Seth Schuchman
ジム・クリフトンのスタッフ責任者：Christine Sheehan
コピーエディター：Kelly Henry
ファクトチェッカー：Trista Kunce
デザイナー：Samantha Allemang
執筆と編集協力：Jim Asplund, Ryan Pendell, Jaclynn Robinson, Christine Sheehan, Austin Suellentrop
運営サポート：Carissa Christensen, Gayle Hoybook, Shawna Hubbard-Thomas
ウェブとマーケティング：Klayton Kasperbauer
出版コーディネーター：Christy Trout
コミュニケーション：Ashley Anderson
テクノロジー：Emily Ternus
サイエンスチーム：Sangeeta Agrawal, Jim Asplund, Kristin Barry, Anthony Blue, Kristy Carlson, Nate Dvorak, Cheryl Fernandez, Kiran Jha, Patrick Josh, Ellyn Maese, Emily Meyer, Marco Nink, Ryan Pendell, Stephanie Plowman, Puneet Singh, Dipak Sundaram, Anna Truscott-Smith, Emily Wetherell, Ben Wigert, Dan Witters
査読：Jim Asplund, Larry Emond, Dean Jones, Katie Lyon, Tom Matson, Jane Miller, Iseult Morgan, Ed O'Boyle, Steve O'Brien, Ken Royal, Ryan Shaughnessy, Pa Sinyan, Chris Stewart, Ben Wigert, Dan Witters, Ryan Wolf, John Woo

訳者あとがき

ギャラップのウェルビーイング要素と実践法の特徴は、まず徹底的に、しかもさまざまな科学に基づいていること、次に、そうしたデータを分析でシンプルな要素や洞察に落とし込んでいること、だからこそ「やりやすい!」と言っていただけることです。

ユニークなのは、特定した5つのウェルビーイング要素の中でも特に、〝毎日していることが好き〟という「キャリア・ウェルビーイング」が最も大事であると導き出したところです。これにより「最近チームに元気がない」「ウェルビーイングは大事だと思うけれど何をしていいかわからない」「これまで仕事しかしてこなかった」という人でも取り組みやすいのです。

さらに、この要素はエンゲージメントがカギを握るため、訳者自身がコロナ禍でクライアント企業に導入した際も、心理面だけでなくパフォーマンスにも効果があることを強く実感しました。ウェルビーイングを高めるために用いるクリフトン・ストレングスも、従業員エンゲージメントも、人間の深い部分にあるニーズを理解でき、併用することでひとりの人間を全面からとらえたマネジメントが可能になります。本書では、読者のヒントになるように、各アクション項目や、効果のあった質問例なども紹介しています。ぜひ、これらを1つの材料として、周りの方との会話にお役立て下さい。

「Thriving」という単語は、通常、充実や繁栄と訳されます。本書では、Thrivingの持つ〝エネルギーが溢れてうまく行っている〟というニュアンスを反映し、かつ読みながら頭だけではなく心でもそれが実感できる単語は何かと吟味した結果、「生き生き」を基本の訳に当て、「ギャラップ充実度（Gallup Net Thriving）」のように一部の表記では「充実」という訳を当てました。

本書は「職場」に焦点を当てているため、「キャリア・ウェルビーイング」の要素も仕事に関する部分が中心でしたが、実はこの要素には「人生」も含まれます。

ある男性は、懸命な介護の末に長年連れ添った奥様を認知症で失いました。喪失感と激しい気落ちが1年ほど続いた78歳のある日、心配した娘さんの勧めでクリフトン・ストレングスを受けたところ、〈社交性〉が高いことがわかりました。そこで、奥様が存命の頃に参加していた認知症患者の家族会に足を運び、新しく入ったばかりで不安でいっぱいの方々の相談相手となったのです。参加者からは深く感謝され、不参加の日には、「今日はお休みですか？」と連絡が来るまでになりました。その方いわく、「自分の強みがわかると、自分がやっていることが〈好きだ〉とはっきりわかり、これからの人生を生きていく自信になった」とのこと。83歳の現在、〈学習欲〉を活かして料理も覚え、娘さんに振る舞っておられるそうです。

何歳からでも、自分の強みを活かしてウェルビーイングを高めることで人生は輝きを増します。本書が、昨今のような変化の激しい時代でも、あなたがしなやかに、そして生き生きと歩む一助になることを心から願っています。

2022年6月

古屋博子

management constructs by combining old ones. *The Academy of Management Annals, 10*(1), 943-995.

Ostroff, C. (1992). The relationship between satisfaction, attitudes, and performance: An organizational level analysis. *Journal of Applied Psychology, 77*(6), 963–974.

Reynierse, J. H., & Harker, J. B. (1992). Employee and customer perceptions of service in banks: Teller and customer service representative ratings. *Human Resource Planning, 15*(4), 31–46.

Rosenthal, R., & Rubin, D. B. (1982). A simple, general purpose display of magnitude of experimental effect. *Journal of Educational Psychology, 74*, 166–169.

Schmidt, F. L. (1992). What do data really mean? Research findings, meta-analysis, and cumulative knowledge in psychology. *American Psychologist, 47*(10), 1173–1181.

Schmidt, F. L., & Hunter, J. E. (1996). Measurement error in psychological research: Lessons from 26 research scenarios. *Psychological Methods, 1*(2), 199–223.

Schmidt, F. L., & Hunter, J. E. (2015). *Methods of meta-analysis: Correcting error and bias in research findings* (3rd ed.). Thousand Oaks, CA: Sage.

Schmidt, F. L., Hunter, J. E., McKenzie, R. C., & Muldrow, T. W. (1979). Impact of valid selection procedures on work-force productivity. *Journal of Applied Psychology, 64*(6), 609–626.

Schmidt, F. L., Hunter, J. E., Pearlman, K., & Rothstein-Hirsh, H. (1985). Forty questions about validity generalization and meta-analysis. *Personnel Psychology, 38*, 697–798.

Schmidt, F. L., & Le, H. A. (2004). *Software for the Hunter-Schmidt meta-analysis methods.* Iowa City, IA: Tippie College of Business, University of Iowa.

Schmidt, F. L., Oh, I. S., & Shaffer, J. A. (2016). The validity and utility of selection methods in personnel psychology: Practical and theoretical implications of 100 years of research findings. *Fox School of Business Research Paper.*

Schmidt, F. L., & Rader, M. (1999). Exploring the boundary conditions for interview validity: Meta-analytic validity findings for a new interview type. *Personnel Psychology, 52*, 445–464.

Schmidt, F. L., & Rauschenberger, J. (1986, April). *Utility analysis for practitioners.* Paper presented at the First Annual Conference of The Society for Industrial and Organizational Psychology, Chicago, IL.

Schmit, M. J., & Allscheid, S. P. (1995). Employee attitudes and customer satisfaction: Making theoretical and empirical connections. *Personnel Psychology, 48*, 521–536.

Schneider, B. (1991). Service quality and profits: Can you have your cake and eat it too? *Human Resource Planning, 14*(2), 151–157.

Schneider, B., Ashworth, S. D., Higgs, A. C., & Carr, L. (1996). Design, validity, and use of strategically focused employee attitude surveys. *Personnel Psychology, 49*(3), 695–705.

Schneider, B., & Bowen, D. E. (1993). The service organization: Human resources management is crucial. *Organizational Dynamics, 21*, 39–52.

Schneider, B., Parkington, J. J., & Buxton, V. M. (1980). Employee and customer perceptions of service in banks. *Administrative Science Quarterly, 25*, 252–267.

Sechrest, L., & Yeaton, W. H. (1982). Magnitudes of experimental effects in social science research. *Evaluation Review, 6*(5), 579–600.

Ulrich, D., Halbrook, R., Meder, D., Stuchlik, M., & Thorpe, S. (1991). Employee and customer attachment: Synergies for competitive advantage. *Human Resource Planning, 14*(2), 89–103.

Wagner, R., & Harter, J. K. (2006). *12: The elements of great managing.* New York: Gallup Press.

Whitman, D. S., Van Rooy, D. L., & Viswesvaran, C. (2010). Satisfaction, citizenship behaviors, and performance in work units: A meta-analysis of collective construct relations. *Personnel Psychology, 63*(1), 41–81.

Wiley, J. W. (1991). Customer satisfaction: A supportive work environment and its financial cost. *Human Resource Planning, 14*(2), 117–127.

Zohar, D. (1980). Safety climate in industrial organizations: Theoretical and applied implications. *Journal of Applied Psychology, 65*(1), 96–102.

Zohar, D. (2000). A group-level model of safety climate: Testing the effect of group climate on microaccidents in manufacturing jobs. *Journal of Applied Psychology, 85*(4), 587–596.

Harter, J. K., & Schmidt, F. L. (2006). Connecting employee satisfaction to business unit performance. In A. I. Kraut (Ed.), *Getting action from organizational surveys: New concepts, technologies, and applications* (pp. 33–52). San Francisco: Jossey-Bass.

Harter, J. K., & Schmidt, F. L. (2008). Conceptual versus empirical distinctions among constructs: Implications for discriminant validity. *Industrial and Organizational Psychology, 1*, 37–40.

Harter, J. K., Schmidt, F. L., Agrawal, S., & Plowman, S. K. (2013, February). *The relationship between engagement at work and organizational outcomes: 2012 Q12® meta-analysis*. Omaha, NE: Gallup.

Harter, J. K., Schmidt, F. L., Agrawal, S., Plowman, S. K., & Blue, A. (2016). *The relationship between engagement at work and organizational outcomes: 2016 Q12® meta-analysis: Ninth edition*. Omaha, NE: Gallup.

Harter, J. K., Schmidt, F. L., Agrawal, S., Plowman, S. K., & Blue, A. T. (2020). Increased business value for positive job attitudes during economic recessions: A meta-analysis and SEM analysis. *Human Performance, 33*(4), 307–330.

Harter, J. K., Schmidt, F. L., Asplund, J. W., Killham, E. A., & Agrawal, S. (2010). Causal impact of employee work perceptions on the bottom line of organizations. *Perspectives on Psychological Science, 5*(4), 378–389.

Harter, J. K., Schmidt, F. L., & Hayes, T. L. (2002). Business-unit-level relationship between employee satisfaction, employee engagement, and business outcomes: A meta-analysis. *Journal of Applied Psychology, 87*(2), 268–279.

Harter, J. K., Schmidt, F. L., & Killham, E. A. (2003, July). *Employee engagement, satisfaction, and business-unit-level outcomes: A meta-analysis*. Omaha, NE: The Gallup Organization.

Harter, J. K., Schmidt, F. L., Killham, E. A., & Agrawal, S. (2009). *Q12 meta-analysis*. Gallup. Omaha, NE.

Harter, J. K., Schmidt, F. L., Killham, E. A., & Asplund, J. W. (2006). *Q12 meta-analysis*. Gallup. Omaha, NE.

Harter, J. K., & Stone, A. A. (2012). Engaging and disengaging work conditions, momentary experiences and cortisol response. *Motivation and Emotion, 36*(2), 104–113.

Hunter, J. E., & Schmidt, F. L. (1983). Quantifying the effects of psychological interventions on employee job performance and work-force productivity. *American Psychologist, 38*(4), 473–478.

Hunter, J. E., & Schmidt, F. L. (1990). *Methods of meta-analysis: Correcting error and bias in research findings*. Newbury Park, CA: Sage.

Hunter, J. E., & Schmidt, F. L. (2004). *Methods of meta-analysis: Correcting error and bias in research findings* (2nd ed.). Newbury Park, CA: Sage.

Hunter, J. E., Schmidt, F. L., & Le, H. A. (2006). Implications of direct and indirect range restriction for meta-analysis methods and findings. *Journal of Applied Psychology, 91*, 594–612.

Huselid, M. A. (1995). The impact of human resource management practices on turnover, productivity, and corporate financial performance. *Academy of Management Journal, 38*(3), 635–672.

Iaffaldano, M. T., & Muchinsky, P. M. (1985). Job satisfaction and job performance: A meta-analysis. *Psychological Bulletin, 97*(2), 251–273.

Johnson, J. W. (1996). Linking employee perceptions of service climate to customer satisfaction. *Personnel Psychology, 49*, 831–851.

Jones, J. R., & Harter, J. K. (2004). Race effects on the employee engagement-turnover intention relationship. *Journal of Leadership & Organizational Studies, 11*(2), 78–87.

Judge, T. A., Thoresen, C. J., Bono, J. E., & Patton, G. K. (2001). The job satisfaction-job performance relationship: A qualitative and quantitative review. *Psychological Bulletin, 127*(3), 376–407.

Lipsey, M. W. (1990). *Design sensitivity: Statistical power for experimental research*. Newbury Park, CA: Sage.

Lipsey, M. W., & Wilson, D. B. (1993). The efficacy of psychological, educational, and behavioral treatment: Confirmation from meta-analysis. *American Psychologist, 48*(12), 1181–1209.

Mackay, M. M., Allen, J. A., & Landis, R. S. (2017). Investigating the incremental validity of employee engagement in the prediction of employee effectiveness: A meta-analytic path analysis. *Human Resource Management Review, 27*(1), 108–120.

Mosier, C. I. (1943). On the reliability of a weighted composite. *Psychometrika, 8*, 161–168.

Newman, D. A., Harrison, D. A., Carpenter, N. C., & Rariden, S. M. (2016). Construct mixology: Forming new

J. K. (2014). The well-being 5: Development and validation of a diagnostic instrument to improve population well-being. *Population Health Management, 17*(6), 357–365.

付録４　従業員エンゲージメントと組織的成果の関係――Q12メタ分析

Abelson, R. P. (1985). A variance explanation paradox: When a little is a lot. *Psychological Bulletin, 97*(1), 129–133.

Agrawal, S., & Harter, J. K. (2009, October). *Employee engagement influences involvement in wellness programs.* Omaha, NE: Gallup.

Badal, S., & Harter, J. K. (2014). Gender diversity, business-unit engagement, & performance. *Journal of Leadership & Organizational Studies, 2*(4), 354–365.

Bangert-Drowns, R. L. (1986). Review of developments in meta-analytic method. *Psychological Bulletin, 99*(3), 388–399.

Batt, R. (2002). Managing customer services: Human resource practices, quit rates, and sales growth. *Academy of Management Journal, 45*(3), 587–597.

Carver, R. P. (1975). The Coleman Report: Using inappropriately designed achievement tests. *American Educational Research Journal, 12*(1), 77–86.

Denison, D. R. (1990). *Corporate culture and organizational effectiveness.* New York: John Wiley.

Edmans, A. (2012, November 1). The link between job satisfaction and firm value, with implications for corporate social responsibility. *Academy of Management Perspectives, 26*(4), 1–19.

Fleming, J. H., Coffman, C., & Harter, J. K. (2005, July-August). Manage your Human Sigma. *Harvard Business Review, 83*(7), 106–114.

Gallup (2010). *The state of the global workplace: A worldwide study of employee engagement and wellbeing.* Omaha, NE: Gallup.

Gallup, G. H. (1976, Winter). Human needs and satisfactions: A global survey. *Public Opinion Quarterly, 40*(4), 459–467.

Gallup, G., & Hill, E. (1960). *The secrets of long life.* New York: Bernard Geis.

The Gallup Organization (1993–1998). *Gallup Workplace Audit* (Copyright Registration Certificate TX-5 080 066). Washington, D.C.: U.S. Copyright Office.

Grissom, R. J. (1994). Probability of the superior outcome of one treatment over another. *Journal of Applied Psychology, 79*(2), 314–316.

Harrison, D. A., Newman, D. A., & Roth, P. L. (2006). How important are job attitudes? Meta-analytic comparisons of integrative behavioral outcomes and time sequences. *Academy of Management Journal, 49*(2), 305–325.

Harter, J. K., & Agrawal, S. (2011). *Cross-cultural analysis of Gallup's Q12 employee engagement instrument.* Omaha, NE: Gallup.

Harter, J. K., Asplund, J. W., & Fleming, J. H. (2004, August). *HumanSigma: A meta-analysis of the relationship between employee engagement, customer engagement and financial performance.* Omaha, NE: The Gallup Organization.

Harter, J. K., Canedy, J., & Stone, A. (2008). A longitudinal study of engagement at work and physiologic indicators of health. Presented at Work, Stress, & Health Conference. Washington, D.C.

Harter, J. K., & Creglow, A. (1997). *A meta-analysis and utility analysis of the relationship between core GWA employee perceptions and business outcomes.* Lincoln, NE: The Gallup Organization.

Harter, J. K., & Creglow, A. (1998, July). *A meta-analysis and utility analysis of the relationship between core GWA employee perceptions and business outcomes.* Lincoln, NE: The Gallup Organization.

Harter, J. K., Hayes, T. L., & Schmidt, F. L. (2004, January). *Meta-analytic predictive validity of Gallup Selection Research Instruments (SRI).* Omaha, NE: The Gallup Organization.

Harter, J. K., & Schmidt, F. L. (2000, March). *Validation of a performance-related and actionable management tool: A meta-analysis and utility analysis.* Princeton, NJ: The Gallup Organization.

Harter, J. K., & Schmidt, F. L. (2002, March). *Employee engagement, satisfaction, and business-unit-level outcomes: A meta-analysis.* Lincoln, NE: The Gallup Organization.

私の意見

Brown, S. P. (1996). A meta-analysis and review of organizational research on job involvement. *Psychological Bulletin, 120*(2), 235–255.

Clifton, J., & Harter, J. (2019). *It's the manager.* Gallup Press.（前掲）

Kivimäki, M., Ferrie, J. E., Brunner, E., Head, J., Shipley, M. J., Vahtera, J., & Marmot, M. G. (2005). Justice at work and reduced risk of coronary heart disease among employees: The Whitehall II study. *Archives of Internal Medicine, 165*(19), 2245–2251.

Marmot, M. G. (2006). Status syndrome: A challenge to medicine. *JAMA, 295*(11), 1304–1307.

Spector, P. E. (1986). Perceived control by employees: A meta-analysis of studies concerning autonomy and participation at work. *Human Relations, 39*(11), 1005–1016.

私のミッションや目的

Cerasoli, C. P., Nicklin, J. M., & Ford, M. T. (2014). Intrinsic motivation and extrinsic incentives jointly predict performance: A 40-year meta-analysis. *Psychological Bulletin, 140*(4), 980–1008.

Gartenberg, C., Prat, A., & Serafeim, G. (2019). Corporate purpose and financial performance. *Organization Science, 30*(1), 1–18.

Podsakoff, N. P., Whiting, S. W., Podsakoff, P. M., & Blume, B. D. (2009). Individual- and organizational-level consequences of organizational citizenship behaviors: A meta-analysis. *Journal of Applied Psychology, 94*(1), 122–141.

第５章　ウェルビーイングを高めるには？

強みこそがウェルビーイングを高める

Asplund, J., Harter, J. K., Agrawal, S., & Plowman, S. K. (2015). *The relationship between strengths-based employee development and organizational outcomes: 2015 strengths meta-analysis.* Gallup paper.

Clifton, D. O., & Harter, J. K. (2003). Investing in strengths. In A. K. S. Cameron, B. J. E. Dutton, & C. R. E. Quinn (Eds.), *Positive Organizational Scholarship: Foundations of a New Discipline* (pp. 111–121). Berrett-Koehler.

Clifton, D. O., & Nelson, P. (1996). *Soar with your strengths.* Dell Books.

Gallup. (2001). *Now, discover your strengths.* Simon & Schuster.（邦題『さあ、才能に目覚めよう』日本経済新聞出版）

Gallup. (2007). *StrengthsFinder 2.0.* Gallup Press.

付録３　テクニカルレポート――ギャラップのウェルビーイング5つの要素の研究と開発

Agrawal, S. & Harter, J. K. (2011). *Wellbeing meta-analysis — A worldwide study of the relationship between the five elements of wellbeing and life evaluation, daily experiences, health, and giving.* Gallup Technical Report.

Cantril, H. (1965). *The pattern of human concerns.* New Brunswick, NJ: Rutgers University Press.

Diener, E. (2005). Guidelines for national indicators of subjective well-being and ill-being. *Journal of Happiness Studies, 7*, 397–404.

The Gallup Organization. (2007). *The state of global well-being.* New York: Author.

Gallup, G., & Hill, E. (1960). *The secrets of long life.* New York: Bernard Geis.

Harter, J. K., & Agrawal, S. (2012). Causal relationships among wellbeing elements and life, work, and health outcomes. Gallup Technical Report.

Kahneman, D., Diener, E., & Schwarz, N. (Eds.). (1998). *Wellbeing: The foundations of hedonic psychology.* New York: Russell Sage Foundation.

Kahneman, D., & Riis, J. (2005). Living and thinking about it: Two perspectives on life. In F. Huppert, N. Baylis, & B. Kaverne (Eds.), *The science of well-being: Integrating neurobiology, psychology, and social science* (pp. 285–304). Oxford, United Kingdom: Oxford University Press.

Rath, T., & Harter, J. (2010). *Wellbeing: The five essential elements.* Gallup Press.

Sears, L. E., Agrawal, S., Sidney, J. A., Castle, P. H., Rula, E. Y., Coberley, C. R., Witters, D., Pope, J. E., & Harter,

私の期待値

Berman, S. L., Down, J., & Hill, C. W. (2002). Tacit knowledge as a source of competitive advantage in the National Basketball Association. *Academy of Management Journal, 45*(1), 13–31.

Clifton, J., & Harter, J. (2019). *It's the manager*. Gallup Press.（前掲）

DeChurch, L. A., & Mesmer-Magnus, J. R. (2010). The cognitive underpinnings of effective teamwork: A meta-analysis. *Journal of Applied Psychology, 95*(1), 32–53.

Edmondson, A. C., Winslow, A. B., Bohmer, R. M., & Pisano, G. P. (2003). Learning how and learning what: Effects of tacit and codified knowledge on performance improvement following technology adoption. *Decision Sciences, 34*(2), 197–224.

Gallup. (2019). *Gallup's perspective series on the manager experience: Top challenges & perks of managers*. Gallup paper.

Kleingeld, A., van Mierlo, H., & Arends, L. (2011). The effect of goal setting on group performance: A meta-analysis. *Journal of Applied Psychology, 96*(6), 1289–1304.

Mathieu, J. E., Hollenbeck, J. R., van Knippenberg, D., & Ilgen, D. R. (2017). A century of work teams in the *Journal of Applied Psychology*. *Journal of Applied Psychology, 102*(3), 452–467.

Tubre, T. C., & Collins, J. M. (2000). Jackson and Schuler (1985) revisited: A meta-analysis of the relationships between role ambiguity, role conflict, and job performance. *Journal of Management, 26*(1), 155–169.

Woolley, A. W., Aggarwal, I., & Malone, T. W. (2015). Collective intelligence and group performance. *Current Directions in Psychological Science, 24*(6), 420–424.

私の強み

Csikszentmihalyi, M. (1998). *Finding flow: The psychology of engagement with everyday life*. Basic Books.（邦題『フロー体験入門』世界思潮社）

Csikszentmihalyi, M. (2013). *Creativity: Flow and the psychology of discovery and invention*. HarperCollins.（邦題『クリエイティヴィティ』世界思潮社）

Harter, J. K., & Stone, A. A. (2012). Engaging and disengaging work conditions, momentary experiences and cortisol response. *Motivation and Emotion, 36*(2), 104–113.

Kristof-Brown, A. L., Zimmerman, R. D., & Johnson, E. C. (2005). Consequences of individual's fit at work: A meta-analysis of person-job, person-organization, person-group, and person-supervisor fit. *Personnel Psychology, 58*(2), 281–342.

Stone, A., & Harter, J. (2009). *The experience of work: A momentary perspective. A collaboration between Gallup, Stony Brook University, Princeton University, and Syracuse University*. Research study.

私の能力開発

Eby, L. T., Allen, T. D., Evans, S. C., Ng, T., & DuBois, D. L. (2008). Does mentoring matter? A multidisciplinary meta-analysis comparing mentored and non-mentored individuals. *Journal of Vocational Behavior, 72*(2), 254–267.

Jiang, K., Lepak, D. P., Hu, J., & Baer, J. C. (2012). How does human resource management influence organizational outcomes? A meta-analytic investigation of mediating mechanisms. *Academy of Management Journal, 55*(6), 1264–1294.

Kluger, A. N., & DeNisi, A. (1996). The effects of feedback interventions on performance: A historical review, a meta-analysis, and a preliminary feedback intervention theory. *Psychological Bulletin, 119*(2), 254–284.

Latham, G. P., & Locke, E. A. (2007). New developments in and directions for goal-setting research. *European Psychologist, 12*(4), 290–300.

Lockwood, P., Jordan, C. H., & Kunda, Z. (2002). Motivation by positive or negative role models: Regulatory focus determines who will best inspire us. *Journal of Personality and Social Psychology, 83*(4), 854–864.

Wigert, B., & Maese, E. (2019, July 8). *Why manager development programs aren't working*. Gallup. https://www.gallup.com/workplace/259466/why-manager-development-programs-aren-working.aspx

www.gallup.com/workplace/236531/why-workplace-wellness-program-isn-working.aspx
Robison, J. (2012, December 18). *For employee well-being, engagement trumps time off.* Gallup. https://news.gallup.com/businessjournal/159374/employee-wellbeing-engagement-trumps-time-off.aspx
Wigert, B., & Harter, J. (2017). *Re-engineering performance management.* Gallup paper.

リスク4　スキルの浅いマネジャー

Clifton, J., & Harter, J. (2019). *It's the manager.* Gallup Press.（前掲）
Gallup. (2020). *Gallup's perspective on the evolution of remote work amid COVID-19.* Gallup paper.
O'Boyle, E., & Harter, J. (2014, May 13). *Why your workplace wellness program isn't working.* Gallup. https://www.gallup.com/workplace/236531/why-workplace-wellness-program-isn-working.aspx
Wigert, B., & Harter, J. (2017). *Re-engineering performance management.* Gallup paper.

危機時のレジリエンスの高い組織文化

国立健康統計センターとアメリカ国勢調査局のデータによると、2020年のパンデミックの間に不安やうつ病の症状を訴える成人の割合が膨らみ、7月中旬には40.9%まで上がりました。2019年前半の同様の全国調査では、11%でした。

(2020, April 23–July 21). Anxiety and depression: Household pulse survey. National Center for Health Statistics. https://www.cdc.gov/nchs/covid19/pulse/mental-health.htm
Gallup. (2008). *Strengths based leadership: Great leaders, teams, and why people follow.* Gallup Press.
Harter, J., & Agrawal, S. (2011, March 30). *Workers in bad jobs have worse well-being than jobless.* Gallup. https://news.gallup.com/poll/146867/Workers-Bad-Jobs-Worse-Wellbeing-Jobless.aspx
Harter, J. K., Schmidt, F. L., Agrawal, S., Plowman, S. K., & Blue, A. T. (2020). Increased business value for positive job attitudes during economic recessions: A meta-analysis and SEM analysis. *Human Performance, 33*(4), 307–330.

第4章　キャリアのエンゲージメントからウェルビーイングは始まる

世界最大規模の研究

Edmans, A. (2012). The link between job satisfaction and firm value, with implications for corporate social responsibility. *Academy of Management Perspectives, 26*(4), 1–19.
Harrison, D. A., Newman, D. A., & Roth, P. L. (2006). How important are job attitudes? Meta-analytic comparisons of integrative behavioral outcomes and time sequences. *Academy of Management Journal, 49*(2), 305–325.
Krekel, C., Ward G., & De Neve, J. E. (2019). Employee well-being, productivity, and firm performance: Evidence and case studies. In *Global Happiness and Wellbeing Policy Report 2019* (pp. 72–94). Sustainable Development Solutions Network. https://s3.amazonaws.com/ghwbpr-2019/UAE/GH19_Ch5.pdf
Mackay, M. M., Allen, J. A., & Landis, R. S. (2017). Investigating the incremental validity of employee engagement in the prediction of employee effectiveness: A meta-analytic path analysis. *Human Resource Management Review, 27*(1), 108–120.
Whitman, D. S., Van Rooy, D. L., & Viswesvaran, C. (2010). Satisfaction, citizenship behaviors, and performance in work units: A meta-analysis of collective construct relations. *Personnel Psychology, 63*(1), 41–81.

ウェルビーイングの実践法を身につける

Helliwell, J. F., & Huang, H. (2011). Well-being and trust in the workplace. *Journal of Happiness Studies, 12*(5), 747–767.
O'Boyle, E., & Harter, J. (2014, May 13). *Why your workplace wellness program isn't working.* Gallup. https://www.gallup.com/workplace/236531/why-workplace-wellness-program-isn-working.aspx
Thompson, S. E., Smith, B. A., & Bybee, R. F. (2005). Factors influencing participation in worksite wellness programs among minority and underserved populations. *Family & Community Health, 28*(3), 267–273.

Herbert, T. B., & Cohen, S. (1993). Stress and immunity in humans: A meta-analysis review. *Psychosomatic Medicine, 55*(4), 364–379.

Jones, J. M. (2020, June 22). *In U.S., negative emotions surged, then declined in June*. Gallup. https://news.gallup.com/poll/312872/negative-emotions-surged-declined-june.aspx

Witters, D., & Harter, J. (2020, May 8). *Worry and stress fuel record drop in U.S. life satisfaction*. Gallup. https://news.gallup.com/poll/310250/worry-stress-fuel-record-drop-life-satisfaction.aspx

リスク２　明確さと目的の欠如

(2019). *Fit for the future: An urgent imperative for board leadership*. NACD. https://nacdonline.org/insights/blue_ribbon.cfm?ItemNumber=66336

Clifton, J., & Harter, J. (2019). *It's the manager*. Gallup Press.（前掲）

Gallup. (n.d.). *The manager experience: Pros, cons and development opportunities*. Gallup. https://www.gallup.com/workplace/321074/perks-and-challenges-of-management.aspx#ite-321491

Gallup. (2019). *Gallup's perspective series on the manager experience: Top challenges & perks of managers*. Gallup paper.

Harter, J. (2019, June 13). *Why some leaders have their employees' trust, and some don't*. Gallup. https://www.gallup.com/workplace/258197/why-leaders-employees-trust-don.aspx

リスク３　指針やプログラム、特典への過度の依存

Anand, R., & Winters, M. (2008). A retrospective view of corporate diversity training from 1964 to the present. *Academy of Management Learning & Education, 7*(3), 356–372.

Astrella, J. A. (2017). Return on investment: Evaluating the evidence regarding financial outcomes of workplace wellness programs. *JONA, 47*(7–8), 379–383.

Bezrukova, K., Spell, C. S., Perry, J. L., & Jehn, K. A. (2016). A meta-analytical integration of over 40 years of research on diversity training evaluation. *Psychological Bulletin, 142*(2), 1227–1274.

Clifton, J., & Harter, J. (2019). *It's the manager*. Gallup Press.（前掲）

Downey, S. N., van der Werff, L., Thomas, K. M., & Plaut, V. C. (2015). The role of diversity practices and inclusion in promoting trust and employee engagement. *Journal of Applied Social Psychology, 45*(1), 35–44.

Gallup. (n.d.). *Managing remote teams while maintaining company culture*. Gallup. https://www.gallup.com/workplace/316313/understanding-and-managing-remote-workers.aspx#ite-316397

Gallup. (2016). *How millennials want to work and live*. Gallup paper.

Gallup. (2018). *Three requirements of a diverse and inclusive culture — and why they matter for your organization*. Gallup paper.

Gallup. (2020). *Gallup's perspective on the evolution of remote work amid COVID-19*. Gallup paper.

Goetzel, R. Z., Henke, R. M., Tabrizi, M., Pelletier, K. R., Loeppke, R., Ballard, D. W., Grossmeier, J., Anderson, D. R., Yach, D., Kelly, R. K., McCalister, T., Serxner, S., Selecky, C., Shallenberger, L. G., Fries, J. F., Baase, C., Isaac, F., Crighton, K. A., Wald, P., & Metz, R. D. (2014). Do workplace health promotion (wellness) programs work? *Journal of Occupational and Environmental Medicine, 56*(9), 927–934.

Harter, J. (2014, September 9). *Should employers ban email after work hours?* Gallup. https://www.gallup.com/workplace/236519/employers-ban-email-work-hours.aspx

Harter, J. K., & Agrawal, S. (April 2012). *Engagement at work: Working hours, flextime, vacation time, and well-being*. Gallup report.

Harter, J. K., & Arora, R. (2008). *The impact of time spent working and job fit on well-being around the world*. Gallup paper.

Hickman, A., & Saad, L. (2020, May 22). *Reviewing remote work in the U.S. under COVID-19*. Gallup. https://news.gallup.com/poll/311375/reviewing-remote-work-covid.aspx

London, M., Polzer, J. T., & Omoregie, H. (2005). Interpersonal congruence, transactive memory, and feedback processes: An integrative model of group learning. *Human Resource Development Review, 4*(2), 114–135.

O'Boyle, E., & Harter, J. (2014, May 13). *Why your workplace wellness program isn't working*. Gallup. https://

stakeholder-capitalism-top-global-companies-take-action-on-universal-esg-reporting

Le, B. M., Impett, E. A., Lemay, E. P., Muise, A., & Tskhay, K. O. (2018). Communal motivation and well-being in interpersonal relationships: An integrative review and meta-analysis. *Psychological Bulletin, 144* (1), 1–25.

Orlitzky, M., Schmidt, F. L., & Rynes, S. L. (2003). Corporate social and financial performance: A meta-analysis. *Organization Studies, 24* (3), 403–441.

Post, S. G. (2005). Altruism, happiness, and health: It's good to be good. *International Journal of Behavioral Medicine, 12* (2), 66–77.

Wang, Q., Dou, J., & Jia, S. (2016). A meta-analytic review of corporate social responsibility and corporate financial performance: The moderating effect of contextual factors. *Business & Society, 55* (8), 1083–1121.

生き生きした組織文化の築き方

Bassuk, S. S., Church, T. S., & Manson, J. E. (2013). Researchers explain why exercise works magic. *Scientific American, 309* (2), 74–79.

Christakis, N. A., & Fowler, J. H. (2009). *Connected: The surprising power of our social networks and how they shape our lives.* Little, Brown.

Dunn, E. W., Aknin, L. B., & Norton, M. I. (2008). Spending money on others promotes happiness. *Science, 319* (5870), 1687–1688.

Dunn, E. W., Aknin, L. B., & Norton, M. I. (2014). Prosocial spending and happiness: Using money to benefit others pays off. *Current Directions in Psychological Science, 23* (1), 41–47.

Harter, J., & Agrawal, S. *Social time: With whom we spend it, what we do, and its impact on our mood.* Gallup research study.

Nessmith, W. E., Utkus, S. P., & Young, J. A. (2007) *Measuring the effectiveness of automatic enrollment.* Vanguard Center for Retirement Research.

Piliavin, J. A. (2003). Doing well by doing good: Benefits for the benefactor. In C. L. M. Keyes & J. Haidt (Eds.), *Flourishing: Positive psychology and the life well-lived* (pp. 227–247). American Psychological Association.

Stone, A., & Harter, J. *The experience of work: A momentary perspective. A collaboration between Gallup, Stony Brook University, Princeton University, and Syracuse University.* Research study.

Thaler, R. H. (1999). Mental accounting matters. *Journal of Behavioral Decision Making, 12* (3), 183–206.

Thorén, P., Floras, J. S., Hoffmann, P., & Seals, D. R. (1990). Endorphins and exercise: Physiological mechanisms and clinical implications. *Medicine & Science in Sports & Exercise, 22* (4), 417–428.

第３章　生き生きした組織文化に潜むリスク

リスク１　従業員のメンタルヘルス

Agrawal, S., & Harter, J. (2009). *Engagement at work predicts changes in depression and anxiety status in the next year.* Gallup report.

Asplund, J., Leibbrandt, M., & Robison, J. (2020, June 9). *How strengths, wellbeing and engagement reduce burnout.* Gallup. https://www.gallup.com/cliftonstrengths/en/312467/strengths-wellbeing-engagement-reduce-burnout.aspx

Case, A., & Deaton, A. (2015). Rising morbidity and mortality in midlife among White non-Hispanic Americans in the 21st century. *PNAS, 112* (49), 15078–15083.

Case, A., & Deaton, A. (2017). Mortality and morbidity in the 21st century. *Brookings Papers on Economic Activity, 2017* (1), 397–476.

Case, A., & Deaton, A. (2020). *Deaths of despair and the future of capitalism.* Princeton University Press.

Clark, A. E. (2010). Work, jobs, and well-being across the millennium. In E. Diener, J. F. Helliwell, & D. Kahneman (Eds.), *International differences in well-being* (pp. 436–468). Oxford University Press.

Demakakos, P., Biddulph, J. P., de Oliveira, C., Tsakos, G., & Marmot, M. G. (2018). Subjective social status and mortality: The English longitudinal study of ageing. *European Journal of Epidemiology, 33* (8), 729–739.

English Longitudinal Study of Ageing (ELSA). (n.d.). ELSA. https://www.elsa-project.ac.uk/

Hansen, C. J., Stevens, L. C., & Coast, J. R. (2001). Exercise duration and mood state: How much is enough to feel better? *Health Psychology, 20*(4), 267–275.

Hoffman, M. D., & Hoffman, D. R. (2008). Exercisers achieve greater acute exercise-induced mood enhancement than nonexercisers. *Archives of Physical Medicine and Rehabilitation, 89*(2), 358–363.

Imamura, F., Micha, R., Wu, J. H. Y., de Oliveira Otto, M. C., Otite, F. O., Abioye, A. I., & Mozaffarian, D. (2016). Effects of saturated fat, polyunsaturated fat, monounsaturated fat, and carbohydrate on glucose-insulin homeostasis: A systematic review and meta-analysis of randomised controlled feeding trials. *PLOS Medicine, 13*(7), e1002087.

Jike, M., Itani, O., Watanabe, N., Buysse, D. J., & Kaneita, Y. (2018). Long sleep duration and health outcomes: A systematic review, meta-analysis and meta-regression. *Sleep Medicine Reviews, 39*, 25–36.

Jowsey, J. (1971). Bone at the cellular level: The effects of inactivity. In Murray R. H., McCalley, M. (Eds.), *Hypogravic and Hypodynamic Environments* (pp. 111–119). NASA.

Kim, Y., & Je, Y. (2014). Dietary fiber intake and total mortality: A meta-analysis of prospective cohort studies. *American Journal of Epidemiology, 180*(6), 565–573.

Kritchevsky, D. (1998). History of recommendations to the public about dietary fat. *The Journal of Nutrition, 128*(2), 449S-452S.

La Berge, A. F. (2008). How the ideology of low fat conquered America. *Journal of the History of Medicine and Allied Sciences, 63*(2), 139–177.

Martin, A., Fitzsimons, C., Jepson, R., Saunders, D. H., van der Ploeg, H. P., Teixeira, P. J., Gray, C. M., Mutrie, N., & EuroFIT Consortium. (2015). Interventions with potential to reduce sedentary time in adults: Systematic review and meta-analysis. *British Journal of Sports Medicine, 49*(16), 1056–1063.

O'Boyle, E., & Harter, J. (2014, May 13). *Why your workplace wellness program isn't working*. Gallup. https://www.gallup.com/workplace/236531/why-workplace-wellness-program-isn-working.aspx

Rath, T., & Harter, J. (2010). *Wellbeing: The five essential elements*. Gallup Press.

Remig, V., Franklin, B., Margolis, S., Kostas, G., Nece, T., & Street, J. C. (2010). Trans fats in America: A review of their use, consumption, health implications, and regulation. *Journal of the American Dietetic Association, 110*(4), 585–592.

Seidelmann, S. B., Claggett, B., Cheng, S., Henglin, M., Shah, A., Steffen, L. M., Folsom, A.R., Rimm, E. B., & Solomon, S. D. (2018). Dietary carbohydrate intake and mortality: A prospective cohort study and meta-analysis. *The Lancet Public Health, 3*(9), e419–e428.

Simpson, R. J., Lowder, T. W., Spielmann, G., Bigley, A. B., LaVoy, E. C., & Kunz, H. (2012). Exercise and the aging immune system. *Ageing Research Reviews, 11*(3), 404–420.

Swaminathan, N. (2008, April 29). *Why does the brain need so much power?* Scientific American. https://www.scientificamerican.com/article/why-does-the-brain-need-s/

Wang, Y., Mei, H., Jiang, Y. R., Sun, W. Q., Song, Y. J., Liu, S. J., & Jiang, F. (2015). Relationship between duration of sleep and hypertension in adults: A meta-analysis. *Journal of Clinical Sleep Medicine, 11*(9), 1047–1056.

Witters, D., & Agrawal, S. (2020, March 27). *11 million in U.S. at serious risk if infected with COVID-19*. Gallup. https://news.gallup.com/poll/304643/million-severe-risk-infected-covid.aspx

Xie, L., Kang, H., Xu, Q., Chen, M. J., Liao, Y., Thiyagarajan, M., O'Donnell, J., Cristensen, D. J., Nicholson, C., Iliff, J. J., Takano, T., Deane, R., & Nedergaard, N. (2013). Sleep drives metabolite clearance from the adult brain. *Science, 342*(6156), 373–377.

Youngstedt, S. D., Goff, E. E., Reynolds, A. M., Kripke, D. F., Irwin, M. R., Bootzin, R. R., Khan, N., & Jean-Louis, G. (2016). Has adult sleep duration declined over the last 50+ years? *Sleep Medicine Reviews, 28*, 69–85.

コミュニティ・ウェルビーイング——住んでいるところが好き

Davies, P. A., Dudek, P. M., & Wyatt, K. S. (2020). Recent developments in ESG reporting. In Esty, D. C., Cort, T. (Eds.), *Values at Work* (pp. 161–179). Palgrave Macmillan.

Hillyer, M. (2020, September 22). *Measuring stakeholder capitalism: Top global companies take action on universal ESG reporting*. World Economic Forum. https://www.weforum.org/press/2020/09/measuring-

Gallup's perspective on how to align your employee compensation and talent management strategies. (2018). Gallup. https://www.gallup.com/workplace/248165/rewards-incentives-perspective-paper.aspx

How employee pay is perceived and why perception matters. (2017, July 28). PayScale. https://www.payscale.com/compensation-today/2017/07/employee-pay-perceived-perception-matters

Johnson, E. J., & Goldstein, D. (2003). Medicine. Do defaults save lives? *Science, 302*(5649), 1338–1339.

Kahneman, D., & Deaton, A. (2010). High income improves evaluation of life but not emotional well-being. *PNAS, 107*(38), 16489–16493.

Nessmith, W. E., Utkus, S. P., & Young, J. A. (2007) *Measuring the effectiveness of automatic enrollment.* Vanguard Center for Retirement Research.

Orszag, P. (2008, August 7). *Behavioral economics: Lessons from retirement research for health care and beyond.* Retirement Research Consortium.

Probst, T. M., Sinclair, R. R., Sears, L. E., Gailey, N. J., Black, K. J., & Cheung, J. H. (2018). Economic stress and well-being: Does population health context matter? *Journal of Applied Psychology, 103*(9), 959–979.

Rath, T., & Harter, J. *The economics of wellbeing.* Gallup paper.

Rigoni, B., & Nelson, B. (2016, January 15). *Retaining employees: How much does money matter?* Gallup. https://news.gallup.com/businessjournal/188399/retaining-employees-money-matter.aspx

San Francisco State University. (2009, February 17). *Buying experiences, not possessions, leads to greater happiness.* ScienceDaily. www.sciencedaily.com/releases/2009/02/090207150518.htm

Solnick, S. J., & Hemenway, D. (1998). Is more always better?: A survey on positional concerns. *Journal of Economic Behavior & Organization, 37*(3), 373–383.

State of the American workplace report. (2017). Gallup. https://www.gallup.com/workplace/238085/state-american-workplace-report-2017.aspx

Thaler, R. H. (1999). Mental accounting matters. *Journal of Behavioral Decision Making, 12*(3), 183–206.

Willis Tower Watson. *2017/2018 Global Benefits Attitudes Survey.* Survey Report.

身体的ウェルビーイング——やり遂げるエネルギーがある

Background: The Affordable Care Act's new rules on preventive care. (2020). CMS.gov. https://www.cms.gov/CCIIO/Resources/Fact-Sheets-and-FAQs/preventive-care-background

Besedovsky, L., Lange, T., & Haack, M. (2019). The sleep-immune crosstalk in health and disease. *Physiological Reviews, 99*(3), 1325–1380.

Boespflug, E. L., & Iliff, J. J. (2018). The emerging relationship between interstitial fluid-cerebrospinal fluid exchange, amyloid- β , and sleep. *Biological Psychiatry, 83*(4), 328–336.

Cassilhas, R. C., Tufik, S., & de Mello, M. T. (2016). Physical exercise, neuroplasticity, spatial learning and memory. *Cellular and Molecular Life Sciences, 73*(5), 975–983.

Christ, A., Lauterbach, M., & Latz, E. (2019). Western diet and the immune system: An inflammatory connection. *Immunity, 51*(5), 794–811.

Cohen, S., Doyle, W. J., Alper, C. M., Janicki-Deverts, D., & Turner, R. B. (2009). Sleep habits and susceptibility to the common cold. *Archives of Internal Medicine, 169*(1), 62–67.

De Souza, R. J., Mente, A., Maroleanu, A., Cozma, A. I., Ha, V., Kishibe, T., Uleryk, E., Budylowski, P., Schunemann, H., Beyene, J., & Anand, S. S. (2015). Intake of saturated and trans unsaturated fatty acids and risk of all cause mortality, cardiovascular disease, and type 2 diabetes: Systematic review and meta-analysis of observational studies. *BMJ, 351*, h3978.

Ellis, R. (2020, August 18). *COVID the third-leading cause of death in the U.S.* WebMD. https://www.webmd.com/lung/news/20200818/covid-the-third-leading-cause-of-death-in-the-us

Gangwisch, J. E. (2014). A review of evidence for the link between sleep duration and hypertension. *American Journal of Hypertension, 27*(10), 1235–1242.

Gleeson, M. (2007). Immune function in sport and exercise. *Journal of Applied Physiology, 103*(2), 693–699.

Hafner, M., Stepanek, M., Taylor, J., Troxel, W. M., & van Stolk, C. (2017). Why sleep matters — the economic costs of insufficient sleep: A cross-country comparative analysis. *Rand Health Quarterly, 6*(4), 11.

Harter, J., & Stone, A. (2008, March 6–8). *The connection between work engagement and physiologic outcomes.* Work, Stress, and Health 2008: Health and Safe Work Through Research, Practice, and Partnerships. Washington, D.C.

Harter, J. K., & Stone, A. A. (2012). Engaging and disengaging work conditions, momentary experiences and cortisol response. *Motivation and Emotion, 36*(2), 104–113.

Krueger, A. B., Kahneman, D., Schkade, D., Schwarz, N., & Stone, A. A. (2009). National time accounting: The currency of life. In A. B. Krueger (Ed.), *Measuring the subjective well-being of nations: National accounts of time use and well-being* (pp. 9–86). University of Chicago Press.

McDaid, D., & Cooper, C. (Eds.). (2014). *Wellbeing: A complete reference guide, economics of wellbeing.* Wiley-Blackwell.

Pfeffer, J. (2018). *Dying for a paycheck: How modern management harms employee health and company performance — and what we can do about it.* HarperCollins Publishers.（邦題『ブラック職場があなたを殺す』日本経済新聞出版）

Robertson, J., & Barling, J. (2014). Lead well, be well: Leadership behaviors influence employee wellbeing. In P. Y. Chen & C. L. Cooper (Eds.), *Wellbeing: A complete reference guide, work and wellbeing* (pp. 235–251). Wiley-Blackwell.

人間関係ウェルビーイング――人生を豊かにする友がいる

Agrawal, S., & Harter, J. (2010). *How much does the wellbeing of others in the same household influence our own wellbeing?* Gallup paper.

Berkman, L. F. (1985). The relationship of social networks and social support to morbidity and mortality. In S. Cohen & S. L. Syme (Eds.), *Social Support and Health* (pp. 241–262). Academic Press.

Berkman, L. F. (1986). Social networks, support, and health: Taking the next step forward. *American Journal of Epidemiology, 123*(4), 559–562.

Berkman, L. F., & Syme, S. L. (1979). Social networks, host resistance, and mortality: a nine-year follow-up study of Alameda County residents. *American Journal of Epidemiology, 109*(2), 186–204.

Brim, B. J., & Williams, D. (2020, April 21). *Defeat employee loneliness and worry with CliftonStrengths.* Gallup. https://www.gallup.com/cliftonstrengths/en/308939/defeat-employee-loneliness-worry-cliftonstrengths.aspx

Christakis, N. A., & Fowler, J. H. (2009). *Connected: The surprising power of our social networks and how they shape our lives.* Little, Brown.

Christakis, N. A., & Fowler, J. H. (2013). Social contagion theory: Examining dynamic social networks and human behavior. *Statistics in Medicine, 32*(4), 556–577.

Gallup. (2016). *How millennials want to work and live.* Gallup paper.

Helliwell, J. F., & Wang, S. (2015). How was the weekend? How the social context underlies weekend effects in happiness and other emotions for US workers. *PLOS ONE, 10*(12), e0145123.

Norman, J. (2017, September 12). *Americans' ratings of standard of living best in decade.* Gallup. https://news.gallup.com/poll/218981/americans-ratings-standard-living-best-decade.aspx

Rigoni, B., & Nelson, B. (2016, November 8). *For millennials, is job-hopping inevitable?* Gallup. https://news.gallup.com/businessjournal/197234/millennials-job-hopping-inevitable.aspx

経済的ウェルビーイング――上手にお金を管理する

Deaton, A. (2007). *Income, aging, health and wellbeing around the world: Evidence from the Gallup World Poll.* Princeton University Center for Health and Wellbeing Research Program in Development Studies and National Bureau of Economic Research.

Dunn, E. W., Aknin, L. B., & Norton, M. I. (2008). Spending money on others promotes happiness. *Science, 319*(5870), 1687–1688.

Fischer, R., & Boer, D. (2011). What is more important for national well-being: Money or autonomy? A meta-analysis of well-being, burnout, and anxiety across 63 societies. *Journal of Personality and Social Psychology, 101*(1), 164–184.

Abbe, A., Tkach, C., & Lyubomirsky, S. (2003). The art of living by dispositionally happy people. *Journal of Happiness Studies: An Interdisciplinary Forum on Subjective Well-Being, 4* (4), 385–404.

Agrawal, S., & Harter, J. (2010). *Relationship between perceived importance of wellbeing dimensions and overall wellbeing.* Gallup technical report.

Campbell, W. K., Krusemark, E. A., Dyckman, K. A., Brunell, A. B., McDowell, J. E., Twenge, J. M., & Clementz, B. A. (2006). A magnetoencephalography investigation of neural correlates for social exclusion and self-control. *Social Neuroscience, 1* (2), 124–134.

Canli, T., Qiu, M., Omura, K., Congdon, E., Haas, B. W., Amin, Z., Herrmann, M. J., Constable, R. T., & Lesch, K. P. (2006). Neural correlates of epigenesis. *PNAS, 103* (43), 16033–16038.

Christakis, N. A., & Fowler, J. H. (2009). *Connected: The surprising power of our social networks and how they shape our lives.* Little, Brown.

Christakis, N. A., & Fowler, J. H. (2013). Social contagion theory: Examining dynamic social networks and human behavior. *Statistics in Medicine, 32* (4), 556–577.

Davidson, R. J. (2005). Emotion regulation, happiness, and the neuroplasticity of the brain. *Advances in Mind-Body Medicine, 21* (3–4), 25–28.

De Neve, J. E., Krekel, C., & Ward, G. (2020). Work and well-being: A global perspective. In Helliwell, J., Layard, R., Sachs, J. D., & De Neve, J. E. (Eds.), *World happiness report 2020* (pp. 74–112). Sustainable Development Solutions Network. https://happiness-report.s3.amazonaws.com/2020/WHR20.pdf

Diener, E., & Biswas-Diener, R. (2011). *Happiness: Unlocking the mysteries of psychological wealth.* Wiley-Blackwell.

Emmons, R. A., & Diener, E. (1985). Personality correlates of subjective well-being. *Personality and Social Psychology Bulletin, 11* (1), 89–97.

Fujita, F., & Diener, E. (2005). Life satisfaction set point: stability and change. *Journal of Personality and Social Psychology, 88* (1), 158–164.

Gallup. (2012). *Do the five wellbeing elements predict life, work, and health outcomes or vice versa?* Gallup paper.

Harter, J. (2020, June 26). *Thriving employees create a thriving business.* Gallup. https://www.gallup.com/workplace/313067/employees-aren-thriving-business-struggling.aspx

Harter, J. K., & Agrawal, S. (2012). *Causal relationships among wellbeing elements and life, work, and health outcomes.* Gallup technical report.

Helliwell, J., Layard, R., Sachs, J. D., & De Neve, J. E. (Eds.). (2020). *World happiness report 2020.* Sustainable Development Solutions Network. https://happiness-report.s3.amazonaws.com/2020/WHR20.pdf

Jablonka, E., & Raz, G. (2009). Transgenerational epigenetic inheritance: prevalence, mechanisms, and implications for the study of heredity and evolution. *The Quarterly Review of Biology, 84* (2), 131–176.

Jackson, M. O. (2009). Networks and economic behavior. *Annual Review of Economics, 1* (1), 489–511.

Judge, T. A., Locke, E. A., Durham, C. C., & Kluger, A. N. (1998). Dispositional effects on job and life satisfaction: The role of core evaluations. *Journal of Applied Psychology, 83* (1), 17–34.

Layard, R. (2011). *Happiness: Lessons from a new science.* Penguin.

Rath, T., & Harter, J. (2012). *The economics of wellbeing.* Gallup paper.

Wigert, B. (2020, March 13). *Employee burnout: The biggest myth.* Gallup. https://www.gallup.com/workplace/288539/employee-burnout-biggest-myth.aspx

Witters, D., & Agrawal, S. (2014, July 7). *What your workplace wellness programs are missing.* Gallup. https://news.gallup.com/businessjournal/172106/workplace-wellness-programs-missing.aspx

キャリア・ウェルビーイング——日々していることが好き

Clifton, J., & Harter, J. (2019). *It's the manager.* Gallup Press.（邦題『ザ・マネジャー』日本経済新聞出版）

Goh, J., Pfeffer, J., & Zenios, S. A. (2016). The relationship between workplace stressors and mortality and health costs in the United States. *Management Science, 62* (2), 608–628.

Harter, J. (2012, July 23). *Mondays not so "blue" for engaged employees.* Gallup. https://news.gallup.com/poll/155924/Mondays-Not-Blue-Engaged-Employees.aspx

life versus affective well-being. In *Assessing Well-Being* (pp. 233–246). Springer.

Diener, E., Ng, W., Harter, J., & Arora, R. (2010). Wealth and happiness across the world: Material prosperity predicts life evaluation, whereas psychosocial prosperity predicts positive feeling. *Journal of Personality and Social Psychology, 99*(1), 52–61.

Erdogan, B., Bauer, T. N., Truxillo, D. M., & Mansfield, L. R. (2012). Whistle while you work: A review of the life satisfaction literature. *Journal of Management, 38*(4), 1038–1083.

Ford, M. T., Cerasoli, C. P., Higgins, J. A., & Decesare, A. L. (2011). Relationships between psychological, physical, and behavioural health and work performance: A review and meta-analysis. *Work & Stress, 25*(3), 185–204.

Harter, J. (2020, June 26). *Thriving employees create a thriving business.* Gallup. https://www.gallup.com/workplace/313067/employees-aren-thriving-business-struggling.aspx

Kahneman, D., & Deaton, A. (2010). High income improves evaluation of life but not emotional well-being. *PNAS, 107*(38), 16489–16493.

O'Boyle, E., & Harter, J. (2014, May 13). *Why your workplace wellness program isn't working.* Gallup. https://www.gallup.com/workplace/236531/why-workplace-wellness-program-isn-working.aspx

Oswald, A. J., Proto, E., & Sgroi, D. (2015). Happiness and productivity. *Journal of Labor Economics, 33*(4), 789–822.

Salgado, J. F., & Moscoso, S. (2020). *Subjective well-being and job performance relationships across the world: Comprehensive meta-analysis and cross-cultural evidence.* [Unpublished manuscript]. University of Santiago de Compostela, Santiago de Compostela, Spain.

Understanding how Gallup uses the Cantril Scale: Development of the "thriving, struggling, suffering" categories. (n.d.). Gallup. https://news.gallup.com/poll/122453/Understanding-Gallup-Uses-Cantril-Scale.aspx

ウェルビーイングの５つの要素

Agrawal, S. & Harter, J. K. (2011). *A worldwide study of the relationship between five wellbeing elements and life evaluation, daily experiences, health, and giving: A meta-analysis.* Gallup Technical Report.

Craig, H. (2020). *The philosophy of happiness in life (+Aristotle's view).* PositivePsychology.com. https://positivepsychology.com/philosophy-of-happiness/

Diener, E., Ng, W., Harter, J., & Arora, R. (2010). Wealth and happiness across the world: Material prosperity predicts life evaluation, whereas psychosocial prosperity predicts positive feeling. *Journal of Personality and Social Psychology, 99*(1), 52–61.

Human needs and satisfactions: A global survey. (1977). The Charles F. Kettering Foundation and Gallup International Research Institutes. Research report.

Jones, J. M. (2020, June 22). *In U.S., negative emotions surged, then declined in June.* Gallup. https://news.gallup.com/poll/312872/negative-emotions-surged-declined-june.aspx

Kahneman, D. (2011). *Thinking, fast and slow.* Farrar, Straus and Giroux.（邦題『ファスト&スロー』〈上・下〉早川書房）

Kahneman, D., & Deaton, A. (2010). High income improves evaluation of life but not emotional well-being. *PNAS, 107*(38), 16489–16493.

Rath, T., & Harter, J. (2010). *Wellbeing: The five essential elements.* Gallup Press.

Stone, A. A., Schneider, S., & Harter, J. K. (2012). Day-of-week mood patterns in the United States: On the existence of 'blue Monday,' 'thank God it's Friday' and weekend effects. *The Journal of Positive Psychology, 7*(4), 306–314.

Witters, D., & Agrawal, S. (2020, August 16). *After record drop, U.S. life ratings partially rebound.* Gallup. https://news.gallup.com/poll/315614/record-drop-life-ratings-partially-rebound.aspx

Witters, D., & Harter, J. (2020, May 8). *Worry and stress fuel record drop in U.S. life satisfaction.* Gallup. https://news.gallup.com/poll/310250/worry-stress-fuel-record-drop-life-satisfaction.aspx

第２章　職場のウェルビーイングを考える

ウェルビーイング要素のポイント

Kelly, P., Kahlmeier, S., Götschi, T., Orsini, N., Richards, J., Roberts, N., Scarborough, P., & Foster, C. (2014). Systematic review and meta-analysis of reduction in all-cause mortality from walking and cycling and shape of dose response relationship. *International Journal of Behavioral Nutrition and Physical Activity, 11* (1), 132.

Kivimäki, M., Ferrie, J. E., Brunner, E., Head, J., Shipley, M. J., Vahtera, J., & Marmot, M. G. (2005). Justice at work and reduced risk of coronary heart disease among employees: The Whitehall II Study. *Archives of Internal Medicine, 165* (19), 2245–2251.

Kwok, C. S., Kontopantelis, E., Kuligowski, G., Gray, M., Muhyaldeen, A., Gale, C. P., Peat, G. M., Cleator, J., Chew-Graham, C., Loke, Y. K., & Mamas, M. A. (2018). Self-reported sleep duration and quality and cardiovascular disease and mortality: A dose-response meta-analysis. *Journal of the American Heart Association, 7* (15), e008552.

Li, J., Zhang, M., Loerbroks, A., Angerer, P., & Siegrist, J. (2014). Work stress and the risk of recurrent coronary heart disease events: A systematic review and meta-analysis. *International Journal of Occupational Medicine and Environmental Health*, 1–12.

Liu, M. Y., Li, N., Li, W. A., & Khan, H. (2017). Association between psychosocial stress and hypertension: A systematic review and meta-analysis. *Neurological Research, 39* (6), 573–580.

Loef, M., & Walach, H. (2012). The combined effects of healthy lifestyle behaviors on all cause mortality: A systematic review and meta-analysis. *Preventive Medicine, 55* (3), 163–170.

Martín-María, N., Miret, M., Caballero, F. F., Rico-Uribe, L. A., Steptoe, A., Chatterji, S., & Ayuso-Mateos, J. L. (2017). The impact of subjective well-being on mortality: A meta-analysis of longitudinal studies in the general population. *Psychosomatic Medicine, 79* (5), 565–575.

Public Opinion Surveys, Inc. (1959, May 8). *Who lives to be 95 and older? A study of 402 Americans 95 years of age and over*. Princeton, NJ.

Rath, T., & Harter, J. (2010). *Wellbeing: The five essential elements*. Gallup Press.

Richardson, S., Shaffer, J. A., Falzon, L., Krupka, D., Davidson, K. W., & Edmondson, D. (2012). Meta-analysis of perceived stress and its association with incident coronary heart disease. *The American Journal of Cardiology, 110* (12), 1711–1716.

Roelfs, D. J., Shor, E., Davidson, K. W., & Schwartz, J. E. (2011). Losing life and livelihood: A systematic review and meta-analysis of unemployment and all-cause mortality. *Social Science & Medicine, 72* (6), 840–854.

Seidelmann, S. B., Claggett, B., Cheng, S., Henglin, M., Shah, A., Steffen, L. M., Folsom, A. R., Rimm, E. B., Willett, W. C., & Solomon, S. D. (2018). Dietary carbohydrate intake and mortality: A prospective cohort study and meta-analysis. *Lancet Public Health, 3* (9), e419–e428.

Wang, Y. H., Li, J. Q., Shi, J. F., Que, J. Y., Liu, J. J., Lappin, J. M., Leung, J., Ravindran, A. V., Chen, W. Q., Qiao, Y. L., Shi, J., Lu, L., & Bao, Y. P. (2019). Depression and anxiety in relation to cancer incidence and mortality: A systematic review and meta-analysis of cohort studies. *Molecular Psychiatry, 25* (7), 1487–1499.

Yin, J., Jin, X., Shan, Z., Li, S., Huang, H., Li, P., Peng, X., Peng, Z., Yu, K., Bao, W., Yang, W., Chen, X., & Liu, L. (2017). Relationship of sleep duration with all-cause mortality and cardiovascular events: A systematic review and dose-response meta-analysis of prospective cohort studies. *Journal of the American Heart Association, 6* (9), e005947.

ギャラップ充実度（GNT）――もうひとつの株価

2019年に回答した５万1741人のグローバルサンプルでは、全世界の従業員の30％が生活全般において「生き生きしている」に該当し、20％が仕事にエンゲージしており、９％が生き生きしてかつ仕事にエンゲージしていることがわかりました。

Cantril, H. (1965). *The pattern of human concerns*. Rutgers University Press.

Cropanzano, R., & Wright, T. A. (1999). A 5-year study of change in the relationship between well-being and job performance. *Consulting Psychology Journal: Practice and Research, 51* (4), 252–265.

Deaton, A. (2008). Income, health, and well-being around the world: Evidence from the Gallup World Poll. *Journal of Economic Perspectives, 22* (2), 53–72.

Diener, E., Kahneman, D., Arora, R., Harter, J., & Tov, W. (2009). Income's differential influence on judgments of

参考文献

本書では、幅広い研究を取り上げています。ギャラップ社の研究や、本書の本文で参照したその他の研究の詳細については、この参考文献の章をご覧ください。いくつかの参考文献については、追加の解説を加えています。なお、引用されていない統計は、ギャラップ社の調査・研究に由来するものです。

はじめに　世界の気分

Case, A., & Deaton, A. (2020). *Deaths of despair and the future of capitalism*. Princeton University Press.

Chen, J. (2020). *Environmental, social, and governance (ESG) criteria*. Investopedia. https://www.investopedia.com/terms/e/environmental-social-and-governance-esg-criteria.asp

Department of Economic and Social Affairs: Sustainable Development. (n.d.). *The 17 goals*. United Nations. https://sdgs.un.org/goals

Rothwell, J. (2016). *No recovery: An analysis of long-term U.S. productivity decline*. Gallup and U.S. Council on Competitiveness.

第１章　ウェルビーイングとは何か

「想像しうる最高の生活」とは何か

ちなみに、1950年代後半、95歳以上まで生きたアメリカ人は、わずか0.02%、当時は約２万9000人でした。2010年の国勢調査では、95歳以上となったアメリカ人の割合は５倍に増え、総人口の0.1%となっています。また、ギャラップ博士の調査時の米国の平均寿命は70歳、2020年の平均寿命は79歳です。

Berkman, L. F., Kawachi, I., & Glymour, M. M. (Eds.). (2014). *Social epidemiology*. Oxford University Press.

Berkman, L. F., & Syme, S. L. (1979). Social networks, host resistance, and mortality: A nine-year follow-up study of Alameda County residents. *American Journal of Epidemiology, 109*(2), 186–204.

Bosma, H., Marmot, M. G., Hemingway, H., Nicholson, A. C., Brunner, E., & Stansfeld, S. A. (1997). Low job control and risk of coronary heart disease in Whitehall II (prospective cohort) study. *BMJ, 314*(7080), 558–565.

Cappuccio, F. P., D'Elia, L., Strazzullo, P., & Miller, M. A. (2010). Sleep duration and all-cause mortality: A systematic review and meta-analysis of prospective studies. *Sleep, 33*(5), 585–592.

Chu, A. H. Y., Ng, S. H., Tan, C. S., Win, A. M., Koh, D., & Müller-Riemenschneider, F. (2016). A systematic review and meta-analysis of workplace intervention strategies to reduce sedentary time in white-collar workers. *Obesity Reviews, 17*(5), 467–481.

Diener, E. (2009). *Social indicators research series: vol. 37. The science of well-being: The collected works of Ed Diener*. Springer.

Diener, E., & Biswas-Diener, R. (2011). *Happiness: Unlocking the mysteries of psychological wealth*. Wiley-Blackwell.

Gallicchio, L., & Kalesan, B. (2009). Sleep duration and mortality: A systematic review and meta-analysis. *Journal of Sleep Research, 18*(2), 148–158.

Gallup, G. H., & Hill, E. (1960). *The secrets of long life*. Bernard Geis.

Goh, J., Pfeffer, J., & Zenios, S. A. (2016). The relationship between workplace stressors and mortality and health costs in the United States. *Management Science, 62*(2), 608–628.

Harter, J. K., & Agrawal, S. (April 2012). *Engagement at work: Working hours, flextime, vacation time, and well-being*. Gallup report.

Holt-Lunstad, J., Smith, T. B., & Layton, J. B. (2010). Social relationships and mortality risk: A meta-analytic review. *PLOS Medicine, 7*(7), e1000316.

Hutchinson, A. D., & Wilson, C. (2012). Improving nutrition and physical activity in the workplace: A meta-analysis of intervention studies. *Health Promotion International, 27*(2), 238–249.

Itani, O., Jike, M., Watanabe, N., & Kaneita, Y. (2017). Short sleep duration and health outcomes: A systematic review, meta-analysis, and meta-regression. *Sleep Medicine, 32*, 246–256.

ギャラップ（Gallup）について

グローバルなアナリティクスやアドバイス、ラーニングを行う。組織が抱える問題を解決できるようにリーダーたちを支援。また、従業員や顧客、学生、そして市民の意思について、世界中のどの組織よりもくわしく調査している。

「組織文化の変革」「リーダーシップ開発」「マネジャー育成」「強みを活かしたコーチングと組織文化」「有機的な成長戦略」「『ボスからコーチへ』ソフトウエア・ツール」「スター社員の獲得と採用」「サクセッション・プランニング」「パフォーマンス・マネジメント・システムと評価」「パフォーマンス指標の精緻化」「欠陥や安全リスクの低減」「社内プログラムの評価」「従業員のエンゲージメントとエクスペリエンス」「予測採用アセスメント」「定着率予想」「アジャイルなチームの構築」「顧客エクスペリエンスの向上（B2B）」「ダイバーシティ&インクルージョン」「ウェルビーイング」などのさまざまな分野で、ソリューションやトランスフォーメーション、サービスを提供している。

https://www.gallup.com/contact

著者紹介

ジム・クリフトン (Jim Clifton)

ギャラップ会長兼CEO。米国を中心とする企業から、30カ国・地域に40のオフィスを持つ世界的な企業へとギャラップを導く。重要な地球規模の問題について世界70億人の人々に発言してもらうために考案された「ギャラップ・ワールド・ポール（世界世論調査）」を主導。ノースカロライナ大学フランク・ホーキンス・ケナン民間企業研究所の特別客員教授兼シニア・フェローも務める。著書に『ザ・マネジャー』（日本経済新聞出版、共著）ほか。

ジム・ハーター (Jim Harter)

ギャラップ・ワークプレイス部門のチーフサイエンティスト。ワークプレイスの有効性に関する1,000以上の研究を主導。そのうちのひとつ、人間の潜在能力とビジネスユニットのパフォーマンスに関する大規模メタ分析の成果は巻末資料として本書に収録。著名なビジネス誌や学術誌への寄稿多数。ネブラスカ大学でPh.D.取得。著書に『ザ・マネジャー』（日本経済新聞出版、共著）ほか。

訳者紹介

古屋博子 (ふるや・ひろこ)

ギャラップ・シニア・コンサルタント。フラリシュ・コンサルティング代表取締役。ストレングス・コーチングやエンゲージメントの実践を通じて、多くのエグゼクティブやマネジャー、チームのパフォーマンス向上や組織開発を支援。法学修士（慶應義塾大学大学院）、学術博士（東京大学大学院）。訳書に『さあ、才能《じぶん》に目覚めよう 新版』『ザ・マネジャー』（日本経済新聞出版）。

職場のウェルビーイングを高める

1億人のデータが導く「しなやかなチーム」の共通項

2022年7月19日 1版1刷
2023年7月24日 2刷

著 者 ジム・クリフトン、ジム・ハーター
訳 者 古屋博子
発行者 國分正哉
発 行 株式会社日経BP
日本経済新聞出版
発 売 株式会社日経BP マーケティング
〒105-8308 東京都港区虎ノ門4-3-12
装 丁 竹内雄二
DTP 株式会社キャップス
印刷・製本 凸版印刷株式会社

ISBN978-4-296-11434-4

本書籍に関するお問い合わせ、ご連絡は下記にて承ります。

https://nkbp.jp/booksQA
Printed in Japan